KB139519

아들아, 머뭇거리기에는 인생이 너무 짧다

2 커뮤니케이션 편

이원설 · 강헌구 지음

한 언

HanEon Community

사랑의 메시지

이 책과 함께 사랑의 마음을 전해 주세요!

아들아, 머뭇거리기에는
인생이 너무 짧다 2

《아들아, ~》1권에 쏟아진 독자들의 찬사!

어느 날 어머니께서 이 책을 내미셨다. 대학생이 된 후 무엇인가 잃어버린 듯 아무 생각 없이 살아온 나에게 이 책은 '비전'이란 무엇이고 그것이 얼마나 인생에서 중요한 것인가를 깨우쳐 주었다. 내용들을 하나하나 실천해 가며 하루하루 달라지는 내 모습을 볼 때면 흐뭇하다. 이제 나에겐 삶의 '목표'라는 게 생겼다. 자신감을 잃고 정처 없이 세상을 부유하는 이에게 꼭 권하고 싶다.

– 경기도 파주시 김선영

우리 아이들에게 어떻게 세상을 지혜롭고 슬기롭게 살아가는 방법을 가르쳐줄까 하고 고민하던 차에 이 책을 만났다. 진작에 내가 왜 이런 책을 읽지 못했나 하는 아쉬움과 함께, 우리 아이들에게 이 책을 읽혀주고 싶다는 마음이 간절했다. 비전! 누구나 비전을 꿈꾸고 있지만 뚜렷하게 그 목표와 과정을 구체적으로 계획하기는 쉽지 않다. 그러나 나는 우리 아이들에게 이 책으로 통해 비전을 세우는 방법을 가르쳐 줄 것이다. "돈으로 밀어줄 수 없지만 그 대신 지혜를 선물하고 싶다"는 저자의 말, 정말 공감한다.

– 화성시 팔탄면 독자 이의희

인간능력계발에 많은 관심이 있어 여러 가지 관련 서적을 보면서 나름대로 실천해 보려고 노력해 왔다. 그런데 이 책은 내가 그동안 보아온 어떠한 능력계발서보다 탁월했다. 책의 순서와 내용, 예화, 특히 독자들이 쉽게 이해하도록 설계된 저자의 배려와 사랑은 감탄을 자아낼 정도다. 내가 능력계발에 관심을 두는 것은, 인간은 개발되지 않은 금광이라는 말을 믿기 때문이다. 오늘날 학교 교육의 맹점은 바로 이러한 인간계발 프로그램이 미흡한 데 있다고 본다. 나는 이 책을 통해 나 자신의 성장은 물론이고, 내가 가르치는 제자들과 자식들에게 '비전'이라는 좋은 선물을 주고자 한다.

— 경북 문경 교사 *김희정*

19년 동안 사회생활을 하며 야간대학도 다니며 열심히 노력했다. 그 덕에 조직 내에서 남보다 약간 빠르게 승진하고, 집도 사고, 어느 정도 생활의 여유가 생겼다. 그러다 보니 어느새 나도 모르게 나태함에 빠져들기 시작했던 것 같다. 자신에 대한 별다른 비판 없이 '남들도 다 그렇게 사는데…' 라는 생각으로 10여 년을 보냈다. 그런데 우연한 기회에 이 책을 읽은 후, 나는 알에서 깨어난 듯한 감동과 흥분을 느꼈다. 지금 모습이 내가 원하던 삶이 아니라는 것을 절실히 느끼기 시작했던 것이다. 나는 이 책을 읽고 그동안 막연하게만 생각했던 비전의 가치를 좀더 명확하게 하고 행동으로 옮기기 시작했다. 그리고 이 책을 통한 감동을 나 혼자 누리기엔 너무 아까워 우리 팀의 팀원들에게 한 권씩 선물하고, 올해 종무식 때 느낀 점을 발표하기로 했다.

— 정보통신회사 *정진하*

정말로, 이 시대 젊은이들에게 권하고 싶은 책

방송인, 그것도 아나운서나 앵커라는 직종만큼 '말'의 중요성을 하루하루 체감하며 사는 사람들도 아마 드물 것이다. 그래서 우리 방송인들은 정확한 의사전달을 위해 피나는 발음 연습과 표정 연습을 하기도 하고, 단 1분의 멘트를 위해 수많은 상식과 시사 지식을 끊임없이 습득해야 한다. 비단 우리처럼 '말로 먹고사는' 직업인이 아니더라도, 커뮤니케이션 능력은 이 시대에 가장 강력한 '경쟁력'이다.

그런데 청년기를 지난 성인이 이미 고착된 자신의 '말 습관'을 고치거나, 커뮤니케이션 능력을 향상시키기는 것은 그리 쉬운 일이 아니다. 나 역시 좀더 일찍, 즉 어린 시절이나 청소년기에서부터 이런 사실을 깨달았다면 훨씬 좋았을 텐데 하고 안타까워한 적이 많았다.

그런 의미에서 이 책을 처음 본 순간, 왜 내 시대에는 이런 책이 없었을까 하고 내심 부러웠다. 특히 이 책은 뜬구름 잡는 이론이나, 특정인의 방법에 편중한 것이 아니라, 그야말로 실전적인 How-to를 풍부하게 제시하고 있어서, 우리 청소년들이 커뮤니케이션 능력을 향상시키는 데는 더할 나위 없는 지침서라고 생각된다. 물론 우리 성인들부터 먼저 읽고 배워야 되겠지만….

— MBC 보도본부장 엄기영

성서는 "태초에 말씀이 계시니라. 이 말씀이 하나님과 함께 계셨으니 이 말씀은 곧 하나님이시니라"라고 기록한다. 곧, 말은 정신의 표현이기에 '하나님의 형상'으로 피조된 사람은 자기의 생각을 좋은 말, 바른 말로 정확하게 표현할 줄 알아야 한다. 세계 1억 5천만의 신도를 가진 침례교회의 총회장으로서 내가 가장 노력하는 것은 하나님을 향한 나의 신앙과 인생관을 좋은 말, 바른 말로써 신도들에게 전하는 것이다. 학창시절부터 지금까지 나는 이를 위해 노력했고, 앞으로도 이 노력은 계속될 것이다. 한국의 젊은이들도 이와 같은 노력을 해주길 바라며, 이 책이 그 노력에 보탬이 되리라 믿는다.

— 세계침례교 총회장, 극동방송 대표 **김장환**

지금으로부터 100년 전 YMCA가 이 땅에 그 뿌리를 내린 이후 지금까지 많은 애국지사들이 YMCA 훈련 프로그램을 통해 배양되어 왔다. 역사적으로 큰 업적을 남긴 윤치호, 이상재, 이승만, 신흥우, 유보선 등이 바로 그들이다. 다양한 YMCA의 훈련 프로그램 중 단연 으뜸가는 프로그램은 '토의'와 '연설' 등을 통해 '말의 힘을 키우는 것'이다.

21세기는 세계화, 민주화의 시대이다. 따라서 '말의 힘'을 배양하지 못하는 사람은 사회경쟁에서 뒤질 것이 자명하다. 이러한 말의 힘을 배양하는 지침이 될 수 있는 이런 책이 출간되어 매우 기쁘게 생각한다. 이 책을 통해 우리 모두가 말(言)을 이루는(成) '誠'의 삶을 살아갈 때, 21세기 세계의 모델이 될 것으로 확신한다.

— 한국 YMCA 전국연맹이사장 **박우승**

21세기는 이른바 여성상위시대이다. 여성은 가정에서 주부로서 엄마로서 큰 역할을 하고 있고, 사회에서도 각계각층의 큰 지도자로 활약하고 있는 것이 오늘의 현실이다. 이러한 때에 여성들이 바른 말, 고운 말로써 자기들의 의사를 아름답게 표현하는 일이 절대적으로 중요하다. 많은 여성들이 이 책을 통해 당당하게, 그리고 아름답게 자신의 의사표현을 하는 법을 배우길 바란다. 그리고 이를 토대로 우리 여성들이 21세기 미래 한국을 창조하는 밑거름이 되길 바라는 마음이다.

— 서울여대 총장 *이광자*

"일단 입부터 열어라!"라는 말에 공감한다. 호기심 어린 눈으로 이것저것 질문하던 어린아이들은 학교라는 공간에 들어가면서부터 입을 닫게 된다. 이 책을 읽으며 나는 교육에 종사하는 한 사람으로서, 입을 닫게 만드는 문화를 만든 기성세대로서 많은 반성을 해본다. 비록 젊은이들에게 입을 여는 문화를 가르치지는 못했지만, 대신 입을 여는 문화를 만드는 주역이 되어야 할 젊은이들에게 이 책을 권한다.

—부산대 교수, 시인 *양왕용*

CONTENTS

4 말의 예산서를 작성하라

5 말로 머리를 연다

에필로그를 대신하여

진정으로 말을 잘하려면

서장 입을 열어야 성공이 보인다

어떤 신입사원 면접시험에서 실제 있었던 일입니다. 면접관이 시간은 무제한으로 줄 테니 자기 자신에 대해 말해보라고 말했습니다. 그런데 취직을 하겠다는 그 많은 응시자들 가운데 자기를 소개하는 데 3분 이상 걸리는 사람이 없었다고 합니다. 모두가 요점만 간명하게 잘 말해서 시간이 절약되었다면 얼마나 좋은 일이겠습니까? 그러나 불행히도 그게 아니었습니다. 말을 잘해서가 아니라, 그들은 할 말이 없어서 3분도 채 채우지 못했던 것입니다. 그리고 그 내용 자체도 마치 공식을 외우듯 천편일률적이었습니다.

그래서 면접관은 자기 자신에 대해서 말하기가 어려우면 자신의 아버지에 대해서 말해보라고 했습니다. 그랬더니 이번에는 2분 이상 말하는 사람이 없었고, 그것도 다음과 같은 대답이 대부분이었습니다.

"제 아버지는 근엄하고 성실하신 분입니다. 제가 조금이라도 잘못하는 일이 있으면 엄격하게 잘못된 일을 지적하여 주시고, 두 번 다시 반복하지 않도록 훈계를 해주십니다. 겉으로는 저희들에게 매우 엄하고 원리원칙만 내세우시는 것 같지만, 알고 보면 속으로는 무척 자상하신 분입니다. 저는 그런 아버지를 존경합니다."

더욱이 그들이 제출한 자기소개서마저도 한결같이 대동소이했는데, 그 이유는 인터넷에 떠다니는 모범답안을 그대로 베껴 썼기 때문이라고 합니다.

그 회사의 사장이기도 한 면접관은 자기에 대해 3분 이상도 할 말이 없는 사람, 자기 아버지에 대해 2분 이상 말할 아무런 콘텐츠도 가지고 있지 않은 사람, 자기를 소개하는 것조차 자신이 없어 남이 인터넷에 올려놓은 모범답안이나 베껴 오는 사람들과 도대체 무슨 일을 같이 할 수 있겠느냐며, 그 응시자들 모두를 불합격시켰습니다.

또, 국내 유명기업인 S그룹의 어떤 임원은 면접시험에서 다른 모든 질문이 끝나고 수험생들이 나가기 직전에는, 혹시 지금까지 잘못 말한 것을 바로잡거나 덧붙일 말이 없느냐고 반드시 확인한다고 합니다. 그러면 100명 중 97명이 없다고 대답하고, 오직 두 세 명만이 자기의 강점을 강조하며 자기를 꼭 써달라고 적극적으로 호소한다고 합니다. 그 임원은 이런 적극성 있는 사람을 찾기 위해 일부러 그런 질문을 던졌지만, 자신들이 원하는 적극성 있는 사람을 찾기란 여간 어려운 일이 아니라고 탄식했습니다.

시간제한 없이 자유롭게 자기에 대해 말하라고 하면, 먼저 인생을 바라보는 자기 나름의 관점을 말하고, 그러한 관점에서 우러나온 자기 삶의 목적과 사명의식, 그리고 비전을 말하고, 그 비전을 성취하기 위한 자기의 마스터플랜을 말하면 될 것입니다. 사실, 이를 다 말하자면 5분이 아니라 50분, 아니 5시간도 모자랄 것입니다. 그런데도 5분 이상 할 말이 없다는 것은 무엇을 의미하는 것입니까? 또, 자기를 적극적으로 '어필' 할 수 있는 절호의 기회가 왔는데도, 그 기회를 그냥 지나치고 마는 사람이 그렇게 많다는 것은 또한 무엇을 의미하는 것입니까? 그들의 다물어진 입 속에 대체 무엇이 들어 있는 것일까요?

대답은 두 가지 중의 하나일 것입니다. 정말로 비전이 없거나, 말에 자신이 없는 것입니다. 사실, 비전이 없는 경우보다는 쓸데없이 잘못 말했다가 손해를 보면 어떻게 하냐는 심리, 즉 말에 자신이 없는 경우가 압도적으로 더 많을 것입니다. 그들의 다물어진 입 속에 오직 '가만히 있으면 2등은 한다' 가 들어 있지 않을까 걱정입니다.

그러나 말에 자신감이 없다는 것은 말에 대한 본격적인 훈련을 쌓지 않았기 때문이니, 이는 훈련으로 충분히 극복할 수 있습니다. 선천적으로 말을 잘하거나 못하는 사람은 없습니다. 다만, 말이 힘이며 운명이라는 것을 알고 말을 잘하는 사람이 되고자 노력하는 사람과 그렇지 않은 사람만이 있을 뿐이지요. 그러나 대부분의 사람들은 말의 힘과 역동성을 모릅니다. 그래서 말을 잘하기 위한 체계적인 훈련을 쌓지 않습니다. 또, 훈련을 해보고자 해도 훈련하는 방법을 몰라서 아예 포기해 버립니다. 그리고는 속으로 '가만히 있으면 2등은 한다' 를 되뇌겠지요.

그러나, 그건 너무 낡은 패러다임입니다. 침묵만 지키면 2등은 할 수 있는 문화, 섣불리 잘못 말했다간 꼴찌가 되는 문화는 이미 구시대의 유물입니다. 정답을 말한 사람은 1등, 틀린 답을 말한 사람은 2등, 아무 말도 하지 않은 사람은 꼴찌가 되는 시대가 왔습니다. 더 나아가 앞으로는 정답을 한 번 말한 사람보다, 비록 틀리긴 했지만 더 좋은 답을 내놓기 위해 여러 번 시도하는 사람을 더 높이 평가하게 될 것입니다.

필요 이상으로 과묵한 사람은, 겸손하거나 수양이 잘 되어 남의 말을 경청할 줄 알아서라기보다 입을 열지 못하게 만든 비극적인 사연, 혹은 어떤 마음의 상처가 있기 때문이라고 보는 것이 오히려 맞을 것입니다. 말이 아주 없으면 반쯤 죽은 사람이고 말이 너무 없으면 죽을 병에 걸린 사람입니다. 그래서 자기에 대하여 할 말이 너무 없거나 거의 없는 우리의 젊은이들, 그들의 육체가 건장하고 지식이 넘쳐날지라도 그들의 영혼은 깊은 병에 걸려 있는 게 아닌가 하여 안타깝습니다.

그리고 말을 하더라도 제대로 된 말을 하지 않는 것도 큰 문제입니다. 모든 인간관계는 말로 맺어지고 또 말로 깨어지게 되어 있습니다. 그런데 우리 주위를 둘러보면 이러한 말과 대화의 중요성을 간과해 말로 인한 갈등, 오해, 불협화음으로 파경에 치닫는 경우가 너무나 많습니다. 어떠한 사람 사이라도 만족할 만한 의사소통과 대화, 즉 말 없이는 좋은 관계를 맺을 수 없습니다. 아름다운 인간관계와 우정관계, 가족관계는 모두 바른 의사소통과 대화에서 온다고 해도 과언이 아닙니다.

그래서 "어느 시대, 어느 나라를 막론하고 일자리를 확보하는 일, 동료들과 함께 일하고 사람을 다루는 일, 낯선 사람을 만나고 우정을 발전시키는 일, 사랑을 표현하고 불가피한 갈등을 처리하는 일, 상인이

나 이웃 등 기타 우리와 관련된 많은 낯선 사람들로부터 도움을 요청하는 일 등 거의 모든 경우에 있어서 그 성공여부는 기술적으로 자신 있게 자기의 생각과 느낌을 표현하는 능력에 좌우된다"라는 로날드 B. 아들러(Ronald B. Adler)의 말이 더욱 설득력 있게 다가옵니다.[1]

나면서부터 말을 잘하거나 글을 잘 쓰는 사람은 흔치 않다고 생각합니다. 누구나 이를 위해 노력하고 부단히 연습하면 가능한 것입니다. 두뇌의 차이, 능력의 차이는 결정적인 차이가 아닙니다. 마음가짐의 차이, 노력의 차이, 집요함의 차이가 결정적 요인이 되는 것입니다.

세계적인 말의 슈퍼스타들은 한결같이 자기만의 방법이 있었고, 또 그 방법으로 엄청난 노력을 했습니다. 소설가 패니 허스트(Fanny Hurst)는 단 하나의 문장을 104번이나 고치길 마다하지 않았고, 래리 킹(Larry King)은 고양이나 금붕어 앞에서도 말을 연습했습니다. 링컨은 유명 강사의 말을 듣기 위해 50마일 60마일도 멀다않고 걸어갔습니다. 그 유명한《적극적 사고방식》의 노만 빈센트 필(Norman Vincent Peale)도 대중 앞에 나가기 전에는 긴장하여 가슴을 졸일 정도로 청중을 존중하고 섬기는 자세를 견지하였습니다. 잭 캔필드(Jack Canfield)는 2만 개의 스토리를 읽고 그 중 2천 개에 대해 자기 책에다 인용해도 좋다는 서면동의를 확보하는 노력을 했습니다.

강간당하고 창녀생활을 했던 마야 앙겔루(Maya Angelou), 말더듬이였던 데모스테네스(Demosthenes), 그들은 모두 말이 얼마나 중요한지 알았기 때문에 뼈를 깎는 노력을 해서 당대 최고의 말 요리사가 되었고, 나아가 시대를 이끌어 가는 리더십을 보여주었습니다.

언제나 웹스터 대사전을 손에서 놓지 않았던 마크 트웨인(Mark

Twain), 흑인 최초의 미 국무장관 콜린 파월(Collin Powell)…. 그들의 성공은 모두 말이란 것도 정면 대응해서 꾸준한 연습을 하다 보면 누구나 당대 최고의 토커, 최고의 지도자가 될 수 있다는 것을 역설해 주고 있습니다.

그렇게 노력해 세계적인 토크 파워의 슈퍼스타가 된 그들의 모습은 정말 놀랍습니다. 릴리 월터스(Lilly Walters)에 따르면 잭 캔필드, 스티븐 코비, 마야 앙겔루 같은 말의 슈퍼스타들은 한 번 강의에만도 13만 5천 달러, 한화로 약 1억 7천만원이라는 엄청난 사례금을 받는다고 합니다. 이는 말의 가치가 무엇인지를 보여주는 단적인 예입니다. 그러나 여러분은 그들이 그 자리에 오르기까지 4만 시간에서 5만 시간을 투자하여 훈련하고 노력했다는 사실을 먼저 알아야 할 것입니다.

그렇다면 그들처럼 말의 달인이 되기 위해 어떤 훈련과 노력을 기울여야 할까요? 우리는 여기에 여러분이 말 훈련을 쌓을 수 있는 다양한 방법을 제시해 놓았습니다. 말의 힘을 이해하면서 이를 하나씩 훈련해 나간다면 여러분도 분명 스티븐 코비나 래리 킹 못지 않은 토크 파워를 발휘할 수 있을 것입니다.

그러나 말의 훈련을 쌓기 전에 여러분이 꼭 인식해야 할 것이 있습니다. 그것은 듣는 이에게 감동을 주고 영향력을 발휘하는 말은 번지르르하게 포장된 청산유수 같은 말이 아니라는 사실입니다. 사람들은 입에서 나오는 말만을 말이라고 생각하지만 얼굴표정이나 몸짓, 행동 등의 비언어가 말을 대신할 수 있는 수단이 됩니다. 그리고 때로는 이것이 말보다 더 강력한 표현 수단이 되기도 합니다.

메시지를 전달함에 있어서 언어보다는 비언어의 비중이 월등히 높다는 연구결과도 있습니다. 이 연구결과에 따르면 말로 전달되는 것은 7%에 불과하다고 합니다. 대신 목소리의 음조(38%)나 몸짓(Body Language, 55%)으로부터 받는 인상이 훨씬 크다는 것입니다. 뿐만 아니라 목소리의 톤이나 말의 속도, 그리고 말과 말 사이에 끼어 드는 침묵이나 손동작 등 수많은 요소들이 작용할 때 비로소 '제대로 된 말'이 되는 것입니다. 따라서 현란한 언변을 구사한다고 하여 말을 잘한다고 단정할 수는 없겠지요.

그렇다면 말의 힘은 어디에서 나오는 것일까요? 그것은 말의 유창함이 아니라 말을 하는 사람의 사명감이 얼마나 치열한가, 그 비전이 얼마나 생생한가, 그 사람됨이 얼마나 믿음직스러운가에 의해 결정되는 것입니다.

그리고 우리는 여기서 말 훈련을 통한 또 하나의 이득을 말하고자 합니다. 말을 통해 사람은 두뇌도 개발할 수 있습니다. 왜냐하면 말을 수련하다 보면 자기도 모르는 사이에 두뇌가 엄청나게 좋아지기 때문입니다. 말하면서 우리는 지식을 터득하고, 특히 말한 것이 들은 것보다 오래 기억됩니다. 유태인, 그들의 인구는 세계인구의 0.3%밖에 안 되지만 노벨상의 22%를 차지하고 있습니다. 그들은 아이들을 학교에 보낼 때 "선생님 말씀 잘 듣고 와야 한다"라고 말하지 않습니다. 그 대신 "모르는 것은 선생님께 다 물어 보아라. 선생님은 뭐든지 다 아신다"라고 말한다고 합니다. 입을 닫고 얌전히 선생님의 말을 듣기만 하는 것이 아니라, 입을 열어 적극적으로 질문하고 자기 생각을 말하는 그들이 노벨상을 석권하는 것만 보아도 말이 얼마만큼 두뇌개발에 중요한지 짐작할 수 있습니다.

뿐만 아니라 세계에서 문맹률이 가장 높은 나라인 인도가 오늘날 세계적인 IT강국이 된 비밀도 바로 여기에 있습니다. 글을 쓰지 못하는 인도인들은 우화를 듣고 들은 것을 또 다른 사람에게 들려주면서 자신도 모르는 사이에 상상력이 발달되어 IT산업의 꽃을 피우게 된 것입니다. 그야말로, 말로 IT강국을 만든 것이지요.

20대 초반부터 일평생 입을 열어 사람들을 가르친 잭 캔필드와 스티븐 코비는 자기계발 분야의 최고 권위자가 되었습니다. 행동하면서 말한 것은 읽은 것의 9배, 들은 것의 2.5배, 본 것의 3배, 보면서 들은 것의 1.8배 이상의 학습효과를 가져옵니다. 따라서 수십 년 동안 사람들을 가르쳐 온 그들은 다른 사람들보다 9배나 많은 학습량을 축적하여 오늘날 세계의 교사가 된 것입니다. 입을 열어 말을 하는 것은, 그 자체가 학습이며 두뇌개발입니다.

필자들이 이 책을 쓴 동기는 《아들아, 머뭇거리기에는 인생이 너무 짧다》 1권에서 비전의 힘과 역동성을 알고 비전을 형성하는 원리를 터득한 사람들에게, 그 비전을 현실로 이루기 위해 필요한 무기로써의 토크 파워, 프레젠테이션 능력을 기르는 방법을 소개할 책임감을 느껴서입니다. 앞에서 언급한 대로 아무리 생생한 비전이 있어도 그것을 효과적으로 커뮤니케이션할 수 없다면 그 비전은 성취되기 어렵습니다.

우리는 이 책에서 어떤 때 어떤 말을 어떻게 해야 된다는 것을 다루지는 않았습니다. 임기응변이나 재치보다는 왜 말이 힘이며 운명인지를 절실히 느끼게 하는 데 그 목적이 있었기 때문입니다. 그리고 마야 앙겔루나 도산 안창호, 또는 콜린 파월 같은 말의 달인이 되어야겠다는 결심을 이끌어내고, 그렇게 결심한 사람들이 구체적으로 무엇부터 해야 하는지를 안내하고자 하였습니다. 건축이나 실내장식보다는 토목공사에 더 치중한 것입니다.

유태인 속담에 "말이 입안에 있을 때는 내가 말을 지배하지만, 말이 입밖에 나오면 말이 나를 지배한다"는 말이 있습니다. 여러분에게 결코 포기할 수 없는 비전, 계속해서 여러분을 미래로, 이상의 세계로 잡아당기는 비전이 있습니까? 그러면 토크 파워로 무장하십시오. 그리고 입을 여십시오. 사명과 비전을 말하십시오. 그 말이 여러분을 지배해서 그 사명과 비전이 성취될 것입니다. 입을 열어야 성공이 보입니다.

말이 힘이며
운명이다

인류의 미래를 바꾼 말 한마디 ∣ 프레젠테이션으로 성공의 사다리를

생면부지의 사람을 사로잡은 말의 위력 ∣ 말은 곧 리더십이다

인간관계는 말로 시작되어 말로 끝난다

2,400년 전 클레온(Cleon)이라는 사람은 아테네 시민들에게 "시민의, 시민에 의한, 시민을 위한"이라는 말을 던졌습니다. 이 말은 그로부터 1,900년 후 영국의 종교개혁가 존 위클리프(John Wyclif)의 번역성경 서문을 거쳐, 다시 500년이 지나 미국 제5대 대통령 제임스 먼로(James Monroe)의 연설에 인용되었습니다. 뿐만 아니라, 이 말은 다시 30년이 지난 후에 미국 국무장관 다니엘 웹스터(Daniel Webster)의 연설에 인용되었고, 4년 후에는 시어도어 파커(Theodore Parker)라는 사람의 연설에도 등장했습니다. 그리고 파커의 연설문이 미국 제16대 대통령 에이브러햄 링컨의 손에 들어가 1863년 게티스버그 연설에서 "국민의, 국민에 의한, 국민을 위한"으로 인용됨으로써, 이 말은 지구촌에 민주주의라는 꽃을 피우는 원동력이 되었습니다. 이렇게 클레온이 던진 말 한마디는 2,400년이라는 기나긴 세월 동안 입에서 입으로 전파되어 열정적인 이상주의자들의 가슴을 설레게 했고, 맥맥이 살아 숨쉬며 역사를 움직이는 힘 그 자체가 되었습니다.

이처럼 우리는 역사적으로 말의 힘이 전 세계를 움직이고, 개인은 물론 인류의 운명까지도 바꾸는 현상을 수없이 보고 체험했습니다.

"1960년대가 저물기 전에 달 위를 걷는 인간"이라는 존 F 케네디의 짧은 한마디는 미국의 비전을 넘어 인류의 이상이 되었습니다. 미국 최초의 흑인 국무장관 콜린 파월(Collin Powell)은 베트남 전쟁 당시 미국 육군 최고위 지휘관들 앞에서 행한 짧은 프레젠테이션으로 성공의 사다리를 탔습니다. "지글러군, 자넨 엄청난 능력의 소유자야, 챔피언 감이라구!" 하는 선배의 한마디로 지그 지글러(Zig Zigler)는 당대 제일의 세일즈맨으로 변신했습니다.

이렇게 말은 우리의 상상을 초월하는 대단한 힘을 가지고 있습니다. 그렇다면 말 한마디가 어떻게 그렇게 큰 힘을 발휘할 수 있었을까요? 그것은 말에는 말한 이의 비전과 사명이 담겨져 있기 때문입니다. 사명과 비전이 담긴 말의 힘은 위대하여 인간의 가슴을 파고들며 영혼의 심연을 찌릅니다. 그리고 그 말은 인간을 움직여, 마침내 커다란 결실을 맺게 해주는 씨앗이 됩니다. 또한 그 말은 리더십을 발휘하여 나뿐만 아니라 다른 이들의 삶도 이끌어 줍니다. 이렇게 사명과 비전이 담긴 말의 힘은 측량이 불가능하며, 그 생명력은 시공을 초월합니다.

사명과 비전을 담아 말하십시오. 그 말이 여러분의 삶과 운명을 이끌어가는 힘이 될 것입니다.

인류의 미래를 바꾼
말 한마디

"1960년대가 저물기 전에 달 위를 걷는 인간" - 존 F. 케네디

"그러므로 나의 사랑하는 미국민 여러분! 나라가 여러분에게 무엇을 해줄 것인가를 묻지 마시고, 여러분이 이 나라를 위해 무엇을 할 수 있을 것인가를 먼저 물으십시오. 세계시민 여러분! 미국이 여러분을 위해 무엇을 해줄 수 있을 것인가를 묻기 전에, 우리 모두가 힘을 합하여 인류의 자유를 위하여 무엇을 할 수 있을까를 물으십시오."[2]

1961년 1월 20일 미국 35대 대통령 취임식에서 존 F. 케네디(John F. Kennedy)가 한 말입니다. 그는 조용하게, 그러나 힘있게 국민에게 이와 같이 호소했습니다. 이 연설이 끝나고 한참이 지난 후에도 청중들은 계속 그 자리를 지켰으며, 젊은 대통령이 새로운 시대를 이끌 것이라는 기대에 부풀었다고 합니다. 그리고 그 말은 너무나 감동적이고 기념비적인 것이어서 당시 우리나라의 각급 학교 입학시험에도 출제될 정도였습니다.

케네디 대통령이 취임하던 시절 미국은 대단히 혼란한 상태였고,

→ 미 35대 대통령 존 F. 케네디

그만큼 새로운 돌파구가 필요한 때였습니다. 이런 때에 대통령이 된 케네디가 단순히 "미국 국민 여러분, 나라를 위해 열심히 일합시다!"라고만 외쳤다면, 과연 그것이 얼만큼의 감동이 있었을까요? 물론 실제로 케네디가 행한 연설과 "열심히 일합시다"라는 말은 동일한 메시지를 전하고 있었습니다. 그러나 듣는 이에게 전해지는 파장효과는 하늘과 땅 차이입니다.

케네디의 기념비적인 연설을 듣고 당시 혼란했던 미국 국민들은 새로운 힘을 찾았고, 젊은 대통령 케네디와 함께 새 시대를 향해 나아가기 위해 노력했습니다. 이것이 바로 말이 발휘하는 힘입니다. 말은 그것을 구사하는 사람이 어떻게 하느냐에 따라, 이렇게 국민을 이끄는 힘이 될 수도 있는 것입니다.

케네디는 말의 힘을 제대로 발휘해 미국 국민뿐만 아니라, 인류의 미래까지 이끌었던 인물입니다. 그는 1962년 9월 12일 라이스 대학에서 우주 탐험 비전을 밝히는 다음과 같은 연설을 했습니다.

"우리는 1960년대가 저물기 전에 사람을 달에 착륙시키고, 그를 안전하게 지구로 복귀시키는 목표를 달성하리라 믿어 의심치 않습니다."[3]

그런데 이것은 1969년 8월에 루이 암스트롱이 실제로 달 위를 산책함으로써, 그대로 현실이 되었습니다. 한마디로 케네디의 말은 20세기 우주과학의 신기원을 이끌어 낸 한 마디가 되었던 것입니다.

케네디의 "1960년대가 저물기 전에 달 위를 걷는 인간"이라는 짧은 한 마디 안에는 우주탐험의 역사가 요약되어 있고, 그 현주소와 앞으로 나아갈 방향과 전략, 그리고 최종적으로 도달할 목표가 제시되어 있었습니다. 그래서 그 말은 미국의 비전을 넘어 인류의 이상이 되었습니다.

이렇게 케네디의 말들은 당시 세계인의 가슴을 설레게 했고, 그의 비전은 실제로 현실로 이루어졌습니다. 비명에 암살 당하긴 했지만 그가 보여준 용기와 개척정신은, 그가 남긴 말들과 함께 아직도 세계인의 가슴에 아로새겨져 있습니다.

이것이 바로 말의 힘입니다. 개인의 운명은 물론, 전 세계와 인류를 뒤바꾸어 놓을 수도 있을 만큼 대단한 힘을 가지고 있는 것이 바로 말입니다. 그렇다면 말에 어떻게 그처럼 큰 힘이 실릴 수 있을까요? 그것은 말에는 말한 이의 사명과 비전이 담겨져 있기 때문입니다. 케네디의 사명을 담은 취임 연설이 없었다면, 그리고 인류를 달로 보내겠다는 그의 비전이 담긴 발언이 없었다면, 역사는 아마 지금과 다른 모습을 하고 있었을지도 모릅니다.

사명과 비전을 담아 말하십시오. 그것이 여러분의 인생과 운명을 이끌어 가는 힘이 될 것입니다.

당신의 생각은?

1. "1960년대가 저물기 전에 달 위를 걷는 인간"이라고 한 말보다는, 아인슈타인의 상대성 원리가 우주탐험에 더 많이 기여했다. (O, X)

2. 케네디가의 영광과 비극을 되돌아 볼 때 한마디 말로 세계를 움직이는 위대한 일을 하는 것도 좋지만, 평범하고 안락한 삶도 매우 소중하다

는 생각이 든다. (O, X)

3. 나는 _____가 나를 위해 _____를 해주지 않는다고 말하기 전에, 내가 먼저 _____를 위해 _____를 할 것이다.

큰 소리로 읽어봅시다

에베레스트산을 정복한 영국의 탐험가 조지 말로리(George L. Mallory)는 "무엇이 당신으로 하여금 산에 오르게 하였는가"라는 질문을 받았습니다. "그 산이 그 곳에 있었기 때문"이라는 것이 그의 대답이었습니다. 올라갈 우주가 있으면 우리는 올라갑니다. 달과 행성들이 하늘에 있습니다. 또 우리에게는 그 곳에 갈 수 있는 지식과 평화에 대한 새 희망이 있습니다. 그러므로 우리는 하나님의 축복을 염원하면서 이때까지 인류가 해보지 않은 모험적이고 위험한, 그러면서도 위대하고 대담한 탐험을 출항합니다.

－ 존 F. 케네디. 휴스턴, 라이스 대학에서(1962. 9. 12)

프레젠테이션으로
성공의 사다리를

뉴욕 빈민가에서 태어난 흑인이 미국의 입이 되다 - 콜린 파월

2001년 조지 부시 미국 대통령의 등장과 그에 이은 뉴욕 세계무역센터 테러사태, 그리고 미국의 아프간 공격으로 이어지는 숨막히는 세계정세 속에 항상 뉴스의 초점이 되고 있는 사람이 하나 있습니다. 바로 '콜린 파월(Colin Powell)' 미국 국무장관이 그 주인공입니다. 지금 각종 매스컴은 연일 미 국무장관 콜린 파월의 입에서 나오는 말을 보도하고 있으며, 그의 말이 미국의 행로는 물론 세계정세의 흐름을 주도하고 있다고 해도 과언이 아닙니다. 이 글을 쓰고 있는 지금도 세계의 이목이 그의 입에 모아지고 있습니다.

사실 합참의장 시절부터 콜린 파월은 세인의 관심의 대상이 되어 왔습니다. 그는 국가안보보좌관을 거쳐 흑인으로서는 미국 역사상 최초로 1989년 합참의장에 임명되어 레이건, 부시, 클린턴 대통령을 보좌했고, 1996년 미국 언론에 의해 클린턴 대통령을 대체할 수 있는 최적의 대통령감으로 지목될 정도로 미국인들에게 신임을 받고 있는 인물입니다. 그리고 지금 그는 흑인 최초의 미 국무장관이기도 합니다.

···▶ 미 국무장관 콜린 파월

자메이카 출신 이민자의 아들로 뉴욕
의 빈민가에서 태어난 콜린 파월. 백인도
아닌 흑인이 승승장구하여 어떻게 국무
장관에까지 오를 수 있었으며, 오늘날 어
떻게 세계의 이목을 집중시키는 인물이
되었을까요? 그에게는 도대체 어떤 비결
이 있었을까요?

그 비결은 바로 '말'이었습니다.

포드 대통령은 파월을 가리켜 '미국 최고의 대중 연설가'라고 평했
고, 국방부차관이었던 폴 월포위츠는 "파월은 훌륭한 정치인이 갖추
어야 할 기술, 즉 국민과 소통하는 교신 기술을 터득하고 있다"고 했
을 정도로, 그는 탁월한 말솜씨를 인정받은 사람입니다.

1968년 파월이 소령으로 베트남 전에 참가해 일개 대대를 이끌고 있
을 때였습니다. 그는 군사령관 앞에서 전투현황을 프레젠테이션하게
되었습니다. 일개 소령이 군사령관 앞에서 프레젠테이션을 한다는 것
은 영광스러운 일이기도 하지만, 참으로 긴장된 일이 아닐 수 없었습
니다. 그래서 그는 철저한 준비와 연습을 한 후 그 자리에 섰습니다.

일단, 그는 차트 위에 전투상황을 표시하는 지도와 베트콩의 포진
상황, 아군의 전력과 인원배치, 그리고 후방 보급부대와의 연락 방법
등을 모두 상세하게, 그러나 요점 중심으로 적어 놓았습니다. 단, 무기
의 종류와 인원 등의 수는 철저히 암기했습니다. 그리고 군사령관과
사단장 앞에서 마치 교사가 학생들을 가르칠 때처럼 평온한 자세로
임했습니다. 그는 차트도 보지 않고 상세하게 설명했을 뿐만 아니라,

질문에 대해서는 노트도 보지 않고 거침없이 대답하였습니다.

프레젠테이션이 끝나고 군사령관은 사단장에게 "파월 소령은 어떤 사람인가?"라고 물었습니다. 도대체 어떤 사람이기에 그토록 자신 있게 그리고 막힘 없이 프레젠테이션을 할 수 있을까 하고 궁금했던 것이지요. 군사령관의 물음에 사단장은 파월의 사람됨과 배경을 상세히 들려주었습니다. 그리고 그 일은 파월이 승승장구하는 데 하나의 큰 계기가 되었다고 합니다.

사람이 세상과 연결되는 접점은 네 개입니다. 이 말은 우리가 네 가지 요소에 의해 평가되고 분류된다는 뜻입니다. '무엇을 하는가, 어떻게 보이는가, 무슨 말을 하는가, 그리고 그 말을 어떻게 하는가'가 바로 그 네 가지 요소입니다.[4] 이 네 가지 요소 중 둘이 말에 관한 것입니다. 이는 그만큼 사람에게 있어 말이 중요하다는 뜻이기도 하겠지요.

그럼에도 불구하고 너무나 많은 사람들이 말에 대한 수련을 하지 않습니다. 그냥 습관적으로 아무런 색깔도 향기도 없는 무미건조한 말만을 하며 살고 있는 것입니다. 아마도 그래서 우리의 삶이 아무런 의미도, 보람도 없게 되는 경우가 생기나 봅니다.

성실하고 유능한 것만으로는 충분치 못합니다. 자기 임무를 아무리 잘 수행하고 있어도 그것을 정확하게 설명하는 능력이 없다면, 다른 사람들을 자기가 원하는 방향으로 이끌어 비전을 성취시킬 수가 없습니다. 다른 조건이 모두 같을 경우, 파월처럼 자기표현에 능숙한 사람이 더욱 훌륭한 리더십을 발휘하게 되는 것은 자명한 이치입니다.

극히 제한된 짧은 시간의 프레젠테이션, 그것도 단 한 번의 기회로 인해 파월의 운명은 어린 시절과 너무나 다른 모습이 되었습니다. 여러분에게도 베트남 전쟁 때 파월에게 있었던 것과 같은 기회가 올 수 있습니다. 그것이 오늘인지, 내일인지, 아니면 더 먼 미래인지 몰라도 그 기회를 놓치지 않기 위해선 미리 준비를 해 두어야 합니다.

말은 우리의 인품이자 지식이며 운명입니다.

당신의 생각은?

1. 자기가 맡은 일에만 충실하면 그만이지, 반드시 소령 파월처럼 맡은 일에 대해 탁월하게 설명을 잘해야 할 필요는 없다. 그런 건 아무나 말 잘하는 사람이 나서서 하면 되는 것이다. (O, X)

2. 파월이 합참의장을 거쳐 국무장관에까지 이르게 된 것은, 말을 잘해서라고 단정할 수는 없다. 그의 지휘능력과 온건한 성품이 가장 중요한 요인이다. (O, X)

3. 자기 임무를 아무리 잘 수행하고 있어도 그것을 정확하게 설명하는 능력이 없다면, 그 사람이 얼마만큼 잘하고 있는지도 드러나지 않는다. 다른 조건이 다 같다면 파월과 같이 자기표현에 능숙한 사람이 리더십을 더 잘 발휘하게 된다. (O, X)

4. 사람이 어떤 일을 하는가, 어떻게 보이는가, 하는 것도 중요하지만 그가 어떤 말을 하는가, 그 말을 어떻게 하는가가 그 운명을 결정하는 데 매우 중요한 요소가 된다. (O, X)

5. 나는 언제 어디서나 또 누구에게나 내가 누구인지, 어떤 생각을 가지고, 어떤 일을 하고 있는지 한 시간 이상 이야기할 준비가 되어 있다. (O, X)

큰 소리로 읽어봅시다

성공에 특별한 비결은 없다. 성공은 철저한 준비와 근면함, 그리고 실패로부터 교훈을 얻은 데 대한 대가일 뿐이다. 꿈을 현실로 만들어 주는 마술은 없다. 땀과 결단과 노력만이 꿈을 현실로 만든다. 전문가나 엘리트들에게 위축될 필요는 없다. 전문가는 자료가 너무 많아 판단을 흐리고 만다. 엘리트는 끼리끼리만 싸고돌기 때문에 한번 흔들리면 걷잡을 수 없이 무너진다.

– 콜린 파월

생면부지의 사람을
사로잡은 말의 위력

말 한마디로 천냥 빚도 갚는다

    직업도 없고 돈도 한 푼 없는 거지행색의 한 젊은이가 필라델피아의 거리를 걷고 있었습니다. 그는 큰 꿈을 가지고 미국으로 건너왔지만, 지금은 계획한 사업이 완전히 실패로 끝나 호구지책이라도 마련해야겠다는 생각으로 일자리를 구하러 다니는 중이었습니다. 하염없이 길을 걷던 그가 걸음을 멈춘 곳은, 폴 기번스(Paul Gibbons)라는 유명한 사업가의 사무실 앞이었습니다.

    그는 문 앞에 턱하고 버티고 있는 경비에게 사장에게 면접을 받고 싶다고 요청했습니다. 그의 행색을 본 경비는 가당치도 않다는 듯 심하게 비웃으며 그를 내쫓았습니다. 때문에 사장과 꼭 면접을 보아야겠다는 젊은이와 경비 사이에 작은 실랑이가 벌어져 회사 입구는 소란해졌습니다. 때마침 그 곳을 지나던 기번스가 그들에게 이유를 물었습니다. 소란의 원인을 들은 기번스는 그 낯선 젊은이를 의구심 가득 찬 시선으로 바라보았습니다. '꾀죄죄한 옷차림에 어디를 봐도 무일푼 노숙자임에 틀림없는 이 사람이 뭘 믿고 나에게 면접을 보겠다는 것인가?' 하고 생각한 그는 동정심 반 호기심 반으로 면접을 허락했습니다. 어차피 잠깐 몇 마디만 들어보고 그냥 내보내면 그만일 테니 말입니다.

그런데 그 잠깐이 30분이 되고, 30분이 한 시간을 넘어갔지만 이야기는 계속되었습니다. 처음에 거만하고 위압적이던 기번스의 자세는 조금씩 다소곳해지기 시작했고, 경멸과 냉소로 가득 찼던 음성과 시선은 놀라움과 존경심으로 바뀌었습니다. 조롱 조의 말투 역시 정중하게 변해갔습니다. 그 젊은이의 긴 이야기가 멈춰진 것은, 기번스가 필라델피아에서 가장 유력한 금융업자인 로랜드 테일러(Roland Tailor)에게 전화를 걸기 위해 양해를 구할 때였습니다. 기번스의 전화를 받은 테일러는 그 거지행색의 젊은이를 점심식사에 초대했고, 그 자리에서 자기 회사에 취직을 시켜 아주 중요한 직책을 맡겼습니다.

엄청난 실패로 인해 갈 데까지 다 가버린 형편없는 부랑자가, 순식간에 상류층 집단에 연결되어 좋은 자리에 취직할 수 있었던 이유는 무엇이었겠습니까? 거기엔 과연 어떤 비밀이 숨어 있었던 걸까요?

그 비밀은 바로 '말솜씨'였습니다. 후에 기번스가 회상하길 "그의 말을 듣고 있노라면 흙투성이 구두, 남루한 외투 그리고 면도도 하지 않은 지저분한 얼굴 따위는 어느새 보이지도 않고, 무언가에 홀린 듯 오직 격조 높은 말이 나오고 있는 입만 바라보게 된다"고 했습니다.

기번스와 테일러는 나중에 그가 영국 옥스퍼드 대학 출신이라는 것을 알게 되었습니다. 하지만 그가 옥스퍼드 대학 출신이었다는 것이 기번스의 마음을 움직인 것은 결코 아닙니다. 그가 자신을 소개할 때 옥스퍼드 대학 출신이라는 말을 하지 않았기 때문입니다. 결국 기번스와 테일러는 그의 격조 높은 언변에 반한 것입니다.[5]

이 이야기는 매우 이례적인 경우이긴 하지만, 우리는 언제나 우리가 하는 말로 평가받으며 살아가는 존재라는 사실을 아주 잘 설명해 주고 있는 이야기입니다. 생면부지의 사람을 사로잡아 자신의 인생을 바꾼 젊은이의 비결은 말에 있었습니다. 어느 대학 출신이라는 것과는 상관없이 탁월하면서도 품위가 넘치는 말솜씨, 그 자체가 초일류 비즈니스 세계로 가는 열쇠가 된 것입니다.

옛말에도 '말 한마디로 천냥 빚도 갚는다', '말이 고마우면 비지 사러갔다 두부를 사온다' 라는 말이 있습니다. 이렇게 말은 다른 사람의 마음을 움직여 내 편으로 만들고, 내가 원하는 이익을 취할 수 있는 중요한 수단이 됩니다. 특히, 자기 세일즈의 시대인 현대사회에서는 말을 통해 자신이 원하는 바를 성취할 수 있습니다. 물론, 번지르르하게 말만 잘하는 사람도 문제가 있지만, 말도 못하는 사람은 오늘날과 같은 치열한 자기 세일즈 경쟁시대에 살아남기 어렵습니다.

말은 자신을 표현하는 가장 힘있는 도구입니다.

당신의 생각은?

1. 그 시대에 옥스퍼드 대학을 나왔다면 말을 잘하고 못하고를 떠나서 무조건 졸업장만 내밀면 취직이 되었을 것이다. 말을 잘하고 못하고는 중요한 요인이 아니었을 것이다. (O, X)

2. 나는 그렇게 말로 자기를 나타내는 사람보다 묵묵히 행동으로 보여주는 스타일이 더 좋다. 말에 신경 쓸 시간이 있으면 차라리 다른 공부를 더 하겠다. (O, X)

3. 말이 곧 운명이다. 아무리 아는 것이 많고 기술이 앞서 있어도 그것을

말로 표현하지 못한다면 빛을 보기 어렵다. 나도 그렇게 격조 높고 유창한 말을 구사하는 사람이 될 것이다. (O, X)

4. 말을 잘한 그 젊은이보다 그런 형편없는 행색에도 불구하고 그런 사람을 알아본 사업가들이 더 멋있어 보인다. 나도 앞으로 사람을 평가할 때는 그 사람의 외모보다 _____과 _____에 더 역점을 두어야겠다.

큰 소리로 읽어봅시다

대부분의 성공한 사람들은 말을 잘한다. 이를 바꾸어 말하면, 말 잘하는 사람이 성공한다고도 할 수 있다. 이것은 그리 놀랄 일도 아니다. 만일 당신이 말 잘하는 능력을 개발한다면(분명 개발할 수 있다), 당신은 성공할 것이다. 당신이 이미 성공한 사람이라면, 더 나은 화자(話者)가 됨으로써 더 큰 성공을 이룰 수 있다. 자기 자신을 표현할 수 없는 사람도 성공할 수 있다고? 하지만 난 그런 사람을 한번도 보지 못했다. 어쩌면 그들은 사적인 대화에 서툴거나 대중 앞에서는 말을 잘 못할 수도 있다. 하지만 꼭 필요한 자리에서 그들은 말을 아주 잘하여 성공을 쟁취하거나 때로는 위대해지기까지 한다.

― 《래리 킹 대화의 법칙》 중에서

말은 곧 리더십이다

"정상에서 만납시다!" - 지그 지글러

《정상에서 만납시다 *See You at the Top*》의 저자 지그 지글러(Zig Zigler)는 포드, 레이건, 그리고 부시 대통령이 연설했던 연단에서 강연한, 그야말로 말의 달인입니다. 지글러의 말이 얼마나 힘있고 강한 영향력을 발휘하는지는, 그의 말을 듣고 운명이 바뀐 팬 론토스(Pan Lontos)라는 사람이 한 다음과 같은 말에도 잘 나타나 있습니다.[6]

나는 지글러가 "당신은 성공의 대가를 지불하는 것이 아니라, 실패의 대가를 지불하고 있다"라고 하는 말을 듣고 엄청난 충격을 받았다. 과연 나야말로 성공이 아닌 실패의 대가를 지불하고 있다는 사실을 알게 된 것이다. 나는 그 즉시 모든 사고방식을 정반대로 바꿨다. 그래서 하루에 18시간씩 잠만 자던 뚱뚱보 아줌마에서 3년 만에 일약 '디즈니 라디오·TV'의 사장이 되었다.

지글러의 말에 감화 받아 새로운 삶을 살게 된 이는 론토스만이 아닙니다. 평생 꿈꾸어 왔던 방송인이라는 직업을 성취해낸 한 여성도 지글러의 말 한마디가 자신의 인생을 뒤바꾸어 놓았다고 전합니다.[7]

"정상에서 만납시다!' 그 이야기를 듣자마자 나는 대학으로 돌아가 중단했던 방송저널리즘 박사학위를 마치고 방송인이 되기로 결심했다. … 내가 지글러의 말을 내 영혼 속에 간직하고 있는 한, 언젠가는 방송국에서 나를 부르러 올 날이 반드시 올 것이라는 사실을 알았다. 지글러의 말을 처음 들은 것은 25년 전이었고, 내가 방송국에 발을 들여놓은 지는 불과 5년밖에 안 되었다. 하지만 지금도 그의 말이 내 귓전을 때리고 있다. 누군가가 나에게 너는 할 수 없다고 말하면, 나는 조용히 지글러의 말을 되씹곤 한다. "정상에서 만납시다."

그런데 이처럼 성공의 모델이 되어 있는 지글러도 한때는 그저 그런 무능한 사람일 뿐이었습니다. 그렇다면 그가 어떻게 해서 다른 사람의 운명을 바꾸어 놓을 만큼의 리더십을 발휘하게 되었을까요? 이역시도 어떤 이가 지글러에게 전해준 '말의 힘' 때문이었습니다.

1946년에 해군에서 제대한 지글러는 돈이 없어서 대학을 중퇴하고 웨어에버(Wearever) 알루미늄 회사의 세일즈맨이 되었습니다. 거기서 처음 2년 동안 그가 한 일은 언제 해고를 당해도 할 말이 없는 무능한 사람이라는 걸 보여준 게 전부였습니다. 그래서 이 때문에 그에게는 큰 위기가 닥쳐왔습니다. 아내가 첫 아이를 낳았을 때 그는 아이도 보러 가지 못하고, 병원비를 마련하기 위해 알루미늄 제품을 들고 거리를 방황해야 했습니다.

그러던 어느 날 그는 지역판매원 세미나에 참가했다가 엄청난 실적을 올리고 있던 어떤 간부사원으로부터 매우 충격적인 말을 들었습니다. 그 간부사원은 지글러에게 "지글러군, 자넨 엄청난 능력의 소유자야, 챔피언 감이라구!"라고 말했던 것입니다. 결국 그 한마디는 지글러를 1년 만에 7,000명의 세일즈맨 중에서 일약 2등을 차지하도록 만들었습니다. 지글러는 그때 그 상관의 격려가 없었다면 오늘의 자신은 없었을 것이라고 말합니다. 결국 그를 격려하기 위한 상관의 말 한마디가 그를 지금의 위치에 올려놓았던 것입니다.[8]

슈퍼스타 지글러를 탄생시킨 상관의 말은 단순한 말 한마디가 아니라, 지글러를 이끌어 준 리더십이었습니다. 그렇습니다. 말 한마디로도 우리는 커다란 리더십을 발휘할 수 있습니다.

말이 발휘하는 리더십을 몸소 체험한 지글러는 지금 많은 이들을 이끄는 리더가 되어 있습니다. 그는 "정상에서 만납시다"라는 말 한마디로 한 여인이 25년 동안 꿈꾸어 온 일을 이루도록 이끌어 주었고, "실패의 대가를 지불하고 있다"라는 말 한마디로 하루에 18시간씩 잠만 자던 여인을 유명방송사의 CEO로 변신시켰습니다.

이렇게 말은 한 사람의 운명을 바꿀 수 있는 리더십을 발휘합니다. 디지털 시대, 정보화가 진전되면 될수록 사람이 그리워지는 시대가 되어 가고 있습니다. 이런 때일수록 만나는 모든 사람에게 꿈과 비전이 묻어나는 말을 건넴으로써 그들을 하나의 비전공동체로 결속시키는 힘, 즉 리더십을 발휘하는 사람이 필요합니다.

리더는 비전을 판매하는 상인이고, 리더십은 비전을 판매하는 상술입니다. 그리고 그 상술의 핵심은 바로 '토크 파워(Talk Power)'입니다.

당신의 생각은?

1. 꿈을 끝까지 간직하게 하고 결국엔 성취하게 만드는 힘을 발휘하는 말을 전하는 삶은, 참으로 의미 있는 것이다. (O, X)

2. 남의 말에 감동되어 달라지는 것보다는 스스로 살펴서 남을 감동시키는 삶을 산다는 자세가 더 중요하다. (O, X)

3. 한마디 말이 이처럼 사람의 운명을 바꾸어 놓는다면, 나도 남에게 긍정적인 작용을 하는 말을 하도록 노력할 것이다. 그리고 남에게 뿐만 아니라 나 자신에게도 그렇게 할 것이다. (O, X)

4. "정상에서 만납시다"와 같이 나의 가슴을 치는 말 한마디는 _____ _____ 라는 말이다.

큰 소리로 읽어봅시다

우리는 아름다운 노래의 흐름과 같이 모든 것이 잘 진행될 때엔 쉽게 즐거움을 느낀다. 그러나 모든 것이 잘못되어 가고 있는 그 순간에도 웃을 수 있는 사람만이 보람을 향유할 수 있다. "지우개는 잘못을 저지르는 사람에게 필요하다"는 격언이 있다. 이 말을 보다 좋게 표현하자면 "지우개는 자기의 잘못을 바르게 교정하려는 사람을 위한 것이다"이다.

– 지그 지글러

인간관계는
말로 시작되어 말로 끝난다

"왜, 내 말 뜻을 이해하지 못하는 겁니까?" - 데보라 태넌

미국 조지 타운대학 언어학과 교수인 데보라 태넌(Deborah Tannen) 박사는 미국에서 《You Just Don't Understand》라는 책을 써서 일약 세계적인 베스트셀러 작가가 된 말에 대한 전문가입니다. 이 책은 최근 한국에서 《남자를 토라지게 하는 말, 여자를 화나게 하는 말》이라는 제목으로 출간되기도 했습니다.

또한 말이 인간관계를 어떻게 순화시키고 또 악화시키는가에 대한 그녀의 책《내 말 뜻은 그게 아냐! *That's Not What I Meant!*》역시 말 분야의 베스트셀러입니다. 요즈음에 그녀는 워싱턴 포스트와 뉴욕타임스 매거진, 그리고 보그 지에 칼럼을 연재하며 말과 대화의 중요성에 대해 역설하고 있습니다.

그녀가 이렇게 말 문제에 관한 세계적인 전문가이자 베스트셀러 작가가 된 것은, 말로 맺어지는 인간관계에 실패한 자신의 상처 때문인지도 모릅니다. 그녀는 가장 신뢰하고 사랑해야 하는 남편과 말로 인

한 오해와 갈등 때문에 이혼한 경험이 있습니다.

정겹고 아늑한 분위기가 넘치는 거실에서 태넌은 남편에게 "여보, 오늘 저녁 언니네 집에 같이 가실 거예요?" 하고 물었습니다. 그녀는 남편의 의사에 따라 오늘 일정을 결정하려고 이렇게 물었던 것입니다. 그녀의 남편은 한마디로 "오케이"라고 대답했습니다. 그러나 태넌에게 그 "오케이"라는 남편의 대답은 진심이 담긴 말이 아니라, 그냥 건성으로 하는 말처럼밖에 들리지 않았습니다. 남편의 표정을 보니 머릿속에는 뭔가 다른 생각이 잔뜩 들어 있는 것 같았기 때문입니다. 그래서 그녀는 "정말 같이 가실 거예요?" 하고 다시 한번 상냥하게 물었습니다. 그러자 남편이 버럭 소리를 질렀습니다. "정말 사람 미치게 만드네! 도대체 가자는 거야, 말자는 거야?"

남편의 폭발에 태넌은 허탈해졌습니다. 화가 날수록 차분히 말해야 한다는 게 그녀의 신념이었기 때문에, 남편의 그런 식의 반응은 도저히 이해가 가지 않았던 것입니다. 그래서 그녀는 속으로 '가자는 거야, 말자는 거야라니! 나는 다만 자기가 원하는 대로 하려고 의사를 물은 것뿐인데, 뭐든 원하는 대로 해주겠다는데 겨우 이게 그 보답이란 말인가?' 하고 외쳤습니다.

그녀는 남편과 대화를 하면서 좀더 잘 해보려고 할수록 더욱 엉터리 같은 연극의 함정에 빠지고 있는 자신을 발견하곤 했습니다. 남편은 언제나 그녀가 생전 들어보지도 못한 소리를 하면서 화를 냈고, 뭐든 그녀가 하는 말은 무조건 건성으로 듣는 식이었습니다. 그녀는 남편도 미쳤지만 그런 남자와 결혼한 자신도 미쳤다는 생각이 들었습니다. 그렇게 말로 인한 갈등이 깊어지면서 그녀는 결국 남

편과 이혼을 하게 되었습니다.[9]

이처럼 말에서 오는 오해와 갈등 때문에 파경에 이른 데보라 태넌은 "남녀간의 불협화음, 충돌의 90%는 대화방식의 차이에서 온다"고 말합니다. 그런데 이는 비단 남녀 사이에서만 일어나는 문제가 아닙니다. 모든 인간관계는 말로 시작해 말로 끝나기 때문에 말로 인한 오해와 갈등, 그리고 충돌은 너무도 많습니다. 이에 대한 다른 예를 한번 볼까요?

사장이 말단 사원이 맡고 있는 일에 대해 자신의 의견을 말했습니다. 그런데 사장이 말한 의견은 실무자가 보기엔 당치도 않은 것이었습니다. 그러나 말단 사원은 본심이 비록 "No"라고 판단되더라도 겉으로 대놓고 "No"라고 말할 수는 없다는 것을 너무나 잘 알고 있었습니다. 그래서 "사장님 말씀이 옳습니다" 하고 일단 긍정을 해놓고, 그 다음에 "그렇지만 저는 제 방법도 좋은 것 같습니다" 하고 접속사로 다리를 걸쳐 놓았습니다. 이런 사원의 말에 사장은 자신의 의견대로 일이 처리될 것이라고 단정짓고 흐뭇해합니다. 그러나 사원은 사원대로 사장님께 자신의 생각을 전했다고 생각합니다. 이럴 경우 결과물이 나온 후에 사장과 사원 사이에는 갈등이 생깁니다. 그들은 서로에 대해 이렇게 생각하겠지요. "저 인간, 왜 이렇게 말귀를 못 알아듣는 거야!"

어떠한 사람 사이라도 만족할 만한 의사소통과 대화 없이는 좋은 관계를 맺을 수 없습니다. 아름다운 인간관계와 우정관계, 가족관계는 모두 바른 의사소통에서 온다고 해도 과언이 아닙니다. 따라서 상대방과 말을 하기 전에 대화를 어떻게 풀어나가는 것이 최선일까, 인간관계를 상승시키는 말의 열쇠는 무엇일까, 타인의 얘기를 어떻게 들어주어야 하는 것일까, 어떤 식으로 이해하고 어디까지 전해주어야 하는 것일까 등을 고민해 보아야 할 것입니다. 인간관계는 말에서 시작되어 말로 끝이 나게 됩니다.

당신의 생각은?

1. 나도 그런 갈등을 겪고 있다. 내 말은 그게 아닌데 상대방이 너무 짜증을 내서 내가 말도 할 줄 모르는 바보인가 하는 생각까지 든다. (O, X.)

2. 상대방이 내 말을 못 알아듣는 것이 아니라, 나의 말하는 방법에 문제가 있는 것 같다. 저쪽에서 어떻게 받아들일 것인가를 생각하며 단어의 선택만이 아니라 음성, 표정, 몸짓 등에 이르기까지 보다 세심한 배려를 해야겠다. (O, X.)

3. 위의 사례 같은 상황이 벌어졌을 때 내가 그 상황을 타개하는 방법은 ＿＿＿＿＿＿＿＿＿＿＿＿＿＿ 하는 것이다.

큰 소리로 읽어봅시다

말은 말하는 사람의 의도대로 받아들여지지 않고 듣는 사람의 관심이나 습관, 태도 등에 따라 다르게 해석되고 있다. 여자들이 가장 못마땅하게 생각하는 것이 남자들이 대화를 무슨 강의로 바꾸는 버릇이다. 남자는 여자에게 강의를 하는 입장이 되고 여자는 청중이 되는 것이다.

— 《남자를 토라지게 하는 말, 여자를 화나게 하는 말》 중에서

일단 입부터 열어라

입을 열어야 원하는 것을 성취할 수 있다 | 사명선언의 효과

자신을 표현하지 못하는 자는 죽은 자나 다름없다 | 닫힌 입이 운명을 가로막는다

부정적인 말은 부정적인 운명을 만든다

유태인 속담에 "말이 입안에 있으면 네가 말을 지배하지만, 말이 입밖에 나오면 말이 너를 지배한다"라는 말이 있습니다. 이렇게 사람의 행동은 말의 지배를 받습니다. 앞서 1부에서 말로써 세계를 움직이고 자신의 운명을 바꾼 사람들 역시, 그 말을 입안에 담아 두었다면 아마도 그런 좋은 결과를 낳지 못했을 것입니다. 말이 운명이며 힘이 되, 일단 입을 열어야 힘도 성공도 보입니다.

《타임머신》의 저자 하버트 조지 웰즈(Herbert George Wells)는 옛 스승에게 자신의 딱한 처지를 호소하여 성공의 발판을 마련하였고, 한국의 어떤 출판사는 출간하는 모든 책에 자신들의 사명을 공표함으로써 그 사명대로 착실한 성장을 거듭하고 있습니다. 뿐만 아니라 이 책을 쓴 저자 중 한 명인 이원설은 1958년에 '미래이력서'라는 것을 작성하여 자신의 미래를 미리 선포했는데 그것은 놀랍게도 그대로 다 현실이 되었습니다. 저자 중 또 다른 한 명인 강헌구 역시 《아들아, 머뭇거리기에는 인생이 너무 짧다》라는 책을 내고 싶다고 먼저 출판사의 문을 두드려 그 책을 세상에 내놓고 주목받았습니다.

입밖으로 내놓은 말이 이렇게 신기하게 이루어지는 이유는, 말이 우리를 행동하게 해서 그 말한 바를 성취하게 만들기 때문입니다. 또한, 먼저 입을 열면 그 말한 바가 이루어지도록 주위에서 협력해 주기 때문이기도 합니다. 세상에는 거절하고 비난하기를 좋아하는 사람보다 친절하고 협력하기를 좋아하는 사람이 압도적으로 더 많습니다.

따라서 입을 열어 사명과 비전을 말하면, 그것은 자신의 힘으로 그리고 주위의 협력으로 반드시 이루어지게 되어 있습니다.

하지만 한국에서는 입을 봉하게 하는 인습과 사회적 분위기를 많이 느끼게 됩니다. 특히, 어린이들의 말문을 막아 버리는 교육제도나 인습이 너무나 팽배합니다. 그러나 성장기에 말문이 막혀 버리면 평생을 두고 지름길이 아닌 엉뚱한 길로 돌아서 가게 됩니다.

인생의 활로를 가로막는 것은 철의 장막이 아니라, 입의 장막입니다. 닫힌 입이 운명을 가로막지 않도록 지금 당장 입을 여십시오. 입을 열어 당신의 사명감과 비전을 말하십시오. 그러면 성공이 보입니다.

입을 열어야 원하는 것을
성취할 수 있다

"두드리라, 그러면 열릴 것이요" - 하버트 조지 웰즈

런던에서 상점점원으로 근무하던 한 청년이 있었습니다. 그는 아침 5시 청소를 시작으로 하루에 만 14시간씩 꼬박 일해도, 겨우 입에 풀칠이나 할 수 있을 정도의 임금을 받고 있었습니다. 처음에는 곧 자신의 실력을 인정받아 좀더 나은 대우를 받을 수 있을 것이라 여기고 열심히 일했습니다. 그러나 1년이 지나도 그의 생활은 나아지지 않았습니다. 그는 체력의 한계와 정신적인 공허감 때문에 더 이상 근무를 계속할 수가 없게 되었습니다.

그래서 청년은 고민 끝에 자신의 옛 스승에게 경제적인 어려움과 마음의 답답함을 호소하고, 다른 직장을 구할 수 있도록 도와달라는 간절한 마음이 담긴 편지 한 통을 썼습니다. 청년은 편지를 써놓고도 한참 동안 그 편지를 보내야 할지 망설였고, 또 겨우 용기를 내어 편지를 보내 놓고도 스승에게 일자리나 구걸하는 자신의 처지가 너무나 창피스럽고 한심해 자살까지 마음먹었다고 합니다.

그러나 옛 스승의 답장은 그의 운명을 바꿔 놓았습니다. 스승은 청년

···▶ 하버트 조지 웰즈

을 위해 교사자리를 마련해 주었던 것입니다.[10]

그 청년은 교사가 된 후에 서서히 잠재되어 있던 문학적 재능을 발휘하기 시작하여 1895년에 이르러《타임머신 *The Time machine*》이라는 작품을 내놓았습니다. 그 청년이 바로 영국의 저명한 문필가 하버트 조지 웰즈(Herbert George Wells)입니다.

그가 스승에게 도와달라는 말을 하기가 부끄럽고 자존심 상해서 끝내 편지로나마 입을 열지 않았다면,《타임머신》도 '문필가 웰즈' 라는 말도 탄생하지 못했을 것입니다.

한국에도 이와 비슷한 사례가 있습니다. 1982년 가을, 칠여 년 동안 구로공단에 있는 한 회사에 근무하던 젊은이가 더 이상 회사생활에 보람을 느끼지 못하고, 앞으로 어떻게 살아갈 것인가 하는 문제를 놓고 고민에 빠졌습니다.

회사에서 능력을 인정받지 못한 것도 아니었고, 다른 문제가 생겼기 때문도 아니었습니다. 그는 다만 주어지는 일을 하는 현재의 모습에 만족하지 못했던 것입니다. 그는 좀더 보람 있고 가치 있는 일에 젊음을 투자하고 싶다는 생각에 몇날 며칠을 고민했습니다. 그러다 결혼식 때 주례를 맡았던 옛 스승이 "신랑이 입장하는 모습을 보니 제자라기보다 마치 아들이 걸어 들어오는 것 같다" 라고 말한 것이 생각났습니다. 그래서 그는 아버지 같은 스승을 찾아가 고민을 털어놓고 향후의 진로에 대해 지도를 받아야겠다고 생각했습니다.

그러나 업무적인 말이나 공식적인 회합에서는 비교적 활발하게 자기 의견을 말하면서도 자기 자신에 관한 일, 특히 자신의 치부를 드러내는 일에 대해서만큼은 몹시 소극적인 성격의 이 젊은이는 여러 달 동안 망설였습니다. 스승의 기대에 어긋나 있는 자신의 모습을 드러내 공연한 걱정을 끼치는 것도 싫었고, 어떻게 말문을 열어야 할지도 걱정이었습니다.

그러나 그는 용기를 내서 그 스승을 찾아갔습니다. 스승은 그 젊은이가 학생 때 보여준 자질과 가능성을 새삼스럽게 상기하며, 따뜻한 위로와 격려의 말을 아끼지 않았습니다. 그리고는 청년에게 회사생활에서 보람을 느끼지 못한다면, 무슨 일을 해야 보람을 느낄 수 있을 것 같냐고 물었습니다. 그는 석사학위가 있으니 경제연구소나 학교에서 학생들을 가르치는 일을 해보고 싶다고 자신의 포부를 말했습니다. 그로부터 6개월이 채 못되어 그는 스승의 도움으로 대학 교수가 되었고, 20년이 지난 지금 그 스승과 함께 힘을 합쳐 이 책을 집필하고 있습니다.

두드리지 않는데 저절로 열리는 문은 없습니다. 아무 말도 하지 않고 가만히 있는데 찾아와서 이렇게 해줄까, 저렇게 해줄까 하고 물어주는 사람도 없습니다. 옛말에 '구슬이 서 말이라도 꿰어야 보배' 라고 하지 않았습니까? 아무리 좋은 생각과 비전을 가지고 있어도 그것을 말하지 않으면 사장되고 맙니다. 그리고 주위에 아무리 좋은 인맥이 있다 해도 비전과 소망을 명료하게 커뮤니케이션할 수 있는 적극적인 자세가 없으면 그 꿈을 현실로 만들 수 없습니다.

포기할 수 없는 목적, 어떠한 대가를 지불하고라도 반드시 성취해야 할 비전, 그리고 치열한 사명감이 있는 사람이라면 적극적으로 입을 열어 원하는 것을 말해야 합니다. 입을 열어야 성공이 보입니다.

당신의 생각은?

1. 누군가에게 말하면 해결방법이 있는데 말도 해보지 않고 혼자 고민하는 것은 바보 같은 짓이다. 세상에는 거절하기보다 친절을 베풀길 좋아하는 사람이 더 많다. (O, X)

2. 위의 이야기는 다행히 좋은 결과를 맺었다. 그러나 하지 말아야 할 부탁으로 주변 사람들을 곤혹스럽게 만드는 것은 삼가야 한다. (O, X)

3. 어렵게 입을 열어 성공한 웰즈처럼 내가 입을 열어 이룬 일은 _____ 를 찾아가 _____라고 말한 것이다.

4. 나는 _____에 관한 일로 _____를 찾아가서 말을 할까 말까 망설이고 있다. 그러나 ____월 ____일에는 반드시 입을 열 것이다.

큰 소리로 읽어봅시다

만약 당신이 나에게 인터뷰를 요청했는데 내가 "No"라고 한다면 당신은 앞으로 나와 이야기하지 않겠다고 결심할지도 모른다. 물론, 그래 봤자 당신의 삶은 악화되지 않는다. 즉, 거절당했다고 해서 특별히 나빠지지 않을 뿐만 아니라 전과 비교해 달라질 것도 없다. 따라서 나는 항상 사람들에게 특별히 악화될 것이 없고 조금이라도 나아질 가망이 있는 경우라면, 어떻게 해서든 필요한 것을 요청하라고 권한다. 마크 빅터 한센(Mark Victor Hansen)과 나는 무려 2천 명에게 그들의 스토리를 우리 책에 사용하도록 승낙해 달라고 요청했고, 또 그렇게 해서 허락을 받아냈다.

— 잭 캔필드

사명선언의 효과

'생각' 으로 묻어두는 것과 '말' 로 공표하는 것은 하늘과 땅 차이

한언의 사명선언문

— 우리는 새로운 지식을 창출, 전파하여 전 인류가 이를 공유케
  함으로써 인류문화의 발전과 평화에 이바지한다.
— 우리는 끊임없이 학습하는 조직으로서 자신과 조직의 발전을
  위해 쉼없이 노력하며, 궁극적으로는 세계 최고의 출판사를
  지향한다.
— 우리는 정신적, 물질적으로 세계 초일류 출판사에 걸맞는 최
  고 수준의 복지를 실현하기 위해 노력하며, 명실공히 초일류
  사원들의 집합체로서 부끄럼없이 행동한다.

위의 내용은 이 책을 펴내고 있는 (주)한언의 사명선언입니다.

이 출판사에서 출간되는 모든 책에는 이 사명선언문이 실려 있습니
다. 뿐만 아니라 사장을 비롯한 모든 사원들의 책상에도 이 문구가 붙

어 있습니다. 그들은 모든 회의 전에 이 사명선언을 다 함께 낭독하며, 업무를 시작하기 전에도 각자 마음속으로 이것을 암송한다고 합니다. 더욱이 이 회사의 사원들은 모두 각자의 개인 사명선언까지 만들어 놓았다고 합니다. 그 때문에 그들은 일을 하면서 눈앞의 안일이나 이익보다는 회사의 사명과 자기 자신의 사명을 먼저 생각하고, 그 사명에 다가가기 위해 노력하는 모습을 보입니다.

필자들이 이 회사와 인연을 맺게 된 것도 실은 이 사명선언 때문입니다. 책에 실려 있는 이 회사의 사명선언을 보고, '이렇게 뚜렷한 사명이 있는 회사와 함께 협력한다면 반드시 우리의 비전을 펼쳐나가는 데 큰 도움을 받을 수 있겠구나' 하고 생각했던 것입니다. 그렇게 인연을 맺은 지 이제 어언 1년이 되었습니다.

그 1년은 결코 짧은 시간이 아니었습니다. 그동안 이 출판사가 너무나 많은 변화와 발전을 이루었기 때문입니다. 회사의 자세한 경영상황은 차치하고라도 객관적으로 볼 때 그 일년 사이에 이들은 엄청나게 성장했습니다.

우선, 주요 일간 신문지상의 광고의 면적과 빈도를 볼 때 동종업계 중 단연 최대이고, 출간되는 책마다 히트를 하여 매주 전국 주요서점 베스트셀러 리스트에 서너 권씩 꼭꼭 올라가 있습니다. 그리고 독자들 사이의 인지도 및 평가도 몰라보게 달라져 타 출판사들도 이들을 주목하고 있다고 합니다. 그런가 하면 일년 사이에 인원도 상당수 증가하여 사세의 빠른 성장을 증명하고 있습니다.

그러나 이 회사 사무실 어디를 보아도 매출목표, 수금목표 같은 문구는 찾아볼 수 없습니다. 업무실적을 그런 수지타산으로 따지지 않고, 오직 사명의 충실도만으로 따지기 때문이라고 합니다. 그런데도 매출이나 이익만 따지는 회사들보다 몇 배나 빠른 속도로 성장하고 있습니다.

필자들은 이 출판사의 발전의 원동력이 바로 입을 열어 공표한 '사명선언'에 있다고 생각합니다. 이들은 자신들의 생각과 목표를 사명선언문이라는 입을 빌어 말했기 때문에, 스스로 그것을 실천하기 위해 노력했고, 그 결과 지금의 발전을 이루었던 것입니다. 요컨대, 이 회사는 사명선언문에서 천명한 비전대로 급격하게 발전한 것입니다.

더욱 주목할 것은, 이 회사에서는 대리나 과장, 부장 등의 직위를 회사에서 일방적으로 임명하지 않는다는 것입니다. 이들은 승진 역시 본인 스스로 이제 과장으로서 일할 만한 때가 되었다고 생각하면 먼저 스스로 입을 열어 제안하도록 한다고 합니다. 그러면 위원회에서 그 사람의 프레젠테이션을 듣고 투표로써 승진여부를 결정합니다.

승진제도 자체도 스스로 입을 열어 의사를 밝히는 방법을 취하고 있으니, 실로 '입을 열어야 성공이 보인다'는 것을 몸으로 실천하고 있는 것입니다.

필자들은 현재 입을 열어 자신의 사명과 비전을 천명하고, 그것을 이루기 위해 노력하는 이들의 행보를 주목하고 있습니다.

당신의 생각은?

1. 개인이건 조직체이건 그런 형태의 사명선언이 있으면, 머리가 비전으로 가득 차게 되므로 언제 어디서나 청산유수 같은 말들이 쏟아져 나온다. (O, X)

2. 나의 사명은 _____을 하는 것이다. 나는 이
  사명을 감당하기 위해 늦어도 _____년까지 _____을
  할 것이며 또 _____년까지 _____을 할 것이다.

3. 나는 위의 사명선언문을 _____년 _____월 _____일까지 액자에 끼
  워서 _____와 _____ 및 _____의 세 곳에 놓고 기회
  가 닿을 때마다 큰소리로 낭독할 것이다.

큰 소리로 읽어봅시다

　　나의 사명은 유아교육의 전문가가 되어 아이들에게 꿈을 심어주는 것
과, 따뜻한 손길이 필요한 곳에 사랑을 나누어 그들에게 용기를 주는 것
이다. 나는 이 사명을 감당하기 위해 2025년까지 오갈 데 없는 아이들을
보살펴 줄 수 있는 '사랑과 꿈이 있는 마을'을 세울 것이다.

- 한 고3 학생의 사명선언

자신을 표현하지 못하는 자는
죽은 자나 다름없다

의사소통의 욕구가 좌절되어 죽어 버린 아이들 - 어떤 실험

인간이 사용한 최초의 말이 무엇인가 하는 문제를 두고 그동안 많은 실험들이 행해졌다. 13세기 신성 로마제국의 황제 프레드릭 2세 (Frederick II)는 세상과 단절된 산 속에다가 갓난아기 3명을 두고, 이들이 자라면서 처음 하는 말이 무엇인지를 관찰했다고 한다. 하지만 단 한마디의 말도 배우지 못하고 의사소통의 욕구가 좌절되어 버린 이 세 아이들은, 어떤 말도 남기지 못한 채 모두 유년기에 죽어 버렸다.[11]

물론, 이 사례가 다소 극단적이긴 하지만, 말을 한마디도 배우지 못한 아이들의 죽음을 통해 우리는 말이 얼마나 중요한 것인가를 다시한번 알 수 있습니다. 이 사례를 해석해 보면 아무리 먹을 것이 많고 몸을 보호할 집과 의복이 있더라도 말이 없으면, 인간은 결국 죽게 된다는 것입니다. 그러므로 사람에게서 말을 빼앗는 것은, 목숨을 빼앗는 것과 같다고 표현할 수도 있습니다.

말은 자신을 표현하는 수단입니다. 따라서 우리는 말로 자신의 생각과 마음을 표현하면서 존재감을 느끼게 됩니다. 그런데 오늘날에는 이렇게 중요한 말이 점차 사라져 가고 있는 것 같습니다. 말이 너무 많아서, 말만 너무 앞서서, 그리고 말이 너무 심해서 서로 멸시하고 증오하는 것도 문제이지만, 자신의 목소리를 낼 수 있고 표현할 수 있는 말을 하지 않는 것이 더 큰 문제입니다.

특히, 젊은층일수록 이러한 증상이 더욱 심각하다는 생각이 듭니다. 입에서는 쉴새없이 어떤 소리들이 쏟아져 나오지만, 그건 그냥 소리일 뿐, 말이 아닙니다. 부모나 교수 또는 기성사회 앞에서 자기의 목적이나 선택, 좋고 싫다는 표현, 의견이나 대안을 필요한 만큼 '제대로' 말하는 젊은이는 흔치 않습니다.

어떤 회사에서는 신입사원을 채용하기 위해 면접을 하는 도중, 시간을 무제한으로 줄 테니 자신에 대하여 말해보라고 했다고 합니다. 그런데 5분 이상 말하는 사람이 거의 없었습니다. 그래서 다시 당신 아버지에 대해 말해보라고 했더니, 이 역시 2분을 넘기는 사람이 없었다고 합니다. 게다가 모두 약속이라도 한 듯이 "저희 아버지는 근엄하고 성실하신 분입니다. 겉으로 보기에는 엄하신 것 같아도 내면은 아주 자상하신 분입니다. 저는 아버지를 존경합니다"라고 하더랍니다. 또, 그들이 들고 온 '자기소개서'라는 것도 천편일률적이고 대동소이했다고 합니다. 이유는 모두가 인터넷에 떠다니는 모범답안을 흉내낸 것들이기 때문이었지요.

이러한 예는 이것뿐만이 아닙니다. 한국 최고의 기업이라고 일컬어지는 S전자의 어떤 임원은 신입사원 면접시험시 모든 질문이 끝나고 수험생들이 나가기 직전에 그들에게, 혹시 잘못 대답했거나 묻지 않아서 하지 못한 말이나 덧붙일 말이 없느냐고 묻습니다. 그러면 100명 중에 97명이 "없습니다"라고 대답한답니다. 그리고 겨우 두세 명 정도가 적극적으로 자기를 뽑아달라고 어필한다더군요. 그 임원은 그런 적극성 있는 사람, 기회만 있으면 자기를 표현하는 사람을 원하지만, 그런 젊은이를 찾기가 보통 어려운 것이 아니라며 탄식합니다.

이렇게 자기에 대해서 할 말이 거의 없는 우리 젊은이들은, 앞에서 소개한 '말을 못해 죽어 버린 어린이들'의 사례대로 한다면 지금 죽어가고 있는 것입니다. 육체는 건강할지라도 자신을 표현하지 못해 자존감을 잃은 영혼은 깊이 병들기 때문입니다.

입을 열어 스스로를 표현하십시오. 그럼으로써 얻게 되는 자존감이 여러분 생명을 이어주는 양식이 될 것입니다.

당신의 생각은?

1. 말을 전혀 하지 않는 동물들도 다 자연수명을 누리며 산다. 이것으로 보아 아이들이 일찍 죽은 것은 실험자체가 잘못된 것이다. 기본적인 생리적 욕구만 충족되면 말을 배우지 않아도 자연수명은 누릴 수 있을 것이다. (O, X)

2. 말이 없다고 생각이 없는 것은 아니다. 기성세대처럼 아직 경험이 없어서 그렇지, 그래도 때가 되면 다 그 정도의 말은 하고 살게 된다. 젊은 세대가 말을 할 줄 모르는 것은, 어디까지나 사회환경과 기성세대의 책임이다. (O, X)

3. 자기 자신에 대하여 5분 이상 할 말이 없다는 것은, 그만큼 시대인식

에서 우러나는 사명감이나 비전이 없다는 것을 반영하는 것이다. 절실한 목표가 있다면 할 말은 넘쳐나기 마련이다. (O, X)

4. 충분하고도 당당한 자기표현을 할 수 있는 사람이 되기 위하여, 나는 내일부터 하루에 한 번씩 _____하기를 반드시 실천에 옮길 것이다.

큰 소리로 읽어봅시다

이제까지 우리의 교육제도나 사회풍토는 가정, 학교, 사회에서 효과적인 자기표현방법(Assertiveness)의 중요성을 전혀 인정하지 않았다. 오늘날 우리 사회 속에서 우리가 갈망하는 민주주의, 자유, 평등, 평화가 자기 참여를 통한 신념으로 발전하지 못하는 가장 큰 원인 중 하나가 바로 바람직한 커뮤니케이션 기술의 결핍 때문이라고 생각한다. 또한 서구의 많은 심리학자들이 말한 대로 사회의 발전은 각 사회구성원의 대화기술의 계발로서 가름된다.

— 《인간관계와 자기표현》 중에서

닫힌 입이 운명을 가로막는다

봉해진 입 때문에 물거품이 되어 버린 꿈

부모님은 식구들 앞에 나를 세워 놓고 시를 낭송하게 하거나 노래를 부르게 하시길 즐기셨다. 난 그게 너무 싫었다. 그런 식으로 자꾸 시키면 시킬수록 나는 점점 더 부끄러움을 타게 되었고, 나중엔 교실에서도 앞에 나가서 뭔가를 하는 게 싫어졌다. 특히, 어른들과 말하는 것은 생각만 해도 끔찍할 정도로 싫고 두려웠다.

우리집은 친척이 무척 많았는데, 해마다 부활절이 되면 모두 삼촌 집에 모여서 함께 지내곤 했다. 그때 어른들은 예쁘게 색칠한 부활절 달걀을 뒤뜰에 숨겨 놓고는 아이들에게 그것을 찾아내게 하였다. 그리고 찾는 아이에겐 굉장한 상품을 주었다.

한번은 자전거가 상품으로 등장한 적이 있었다. 당시 나는 여섯 살이었고, 나의 꿈은 여느 소년들과 마찬가지로 자전거를 타고 거리를 누비는 것이었다. 내 소망을 잘 아는 삼촌은 나를 특별히 차고로 불러 자전거를 미리 보여주기까지 하셨다.

드디어 달걀 찾기 시합이 시작되었다. 30여 명의 아이들이 뒤뜰을 샅샅이 뒤지며 돌아다녔지만 부활절 달걀은 좀처럼 보이지 않았다. 나는 큰 나무 밑에 수북히 솟아오른 수풀을 뒤졌다. 바로 그때 예쁘게 색칠한 달걀이 눈에 들어왔다. 순간 나는 너무나 흥분되고, 가슴이 두근거려 견딜 수가 없었다. 그리고 온몸이 마비되는 것 같은 짜릿함까지 느꼈다. '이제 그 근사한 자전거가 내 것이 되는구나!'

그런데 문제가 생겼다. 달걀을 가지고 삼촌에게 가는 건 좋지만, 삼촌에게 "여기 있어요. 제가 달걀을 찾았어요!"라고 말하기가 두렵고 싫었던 것이다. 믿기 어렵겠지만 결국 나는 그 달걀에 손도 대지 않고 그냥 돌아섰다. 자전거는 바비라는 내 조카의 차지가 되었다. 나는 지금 56세이고, 심리치료사로서 많은 사람의 마음을 치유하고 있지만, 지금도 그때 일을 생각하면 눈물이 솟는다.[12]

위 글은 나탈리 로저스(Natalie Rogers)라는 사람이 쓴 《새로운 토크 파워 *The New Talk Power*》라는 책에서 인용한 것입니다. 이 이야기는 말을 막아버리는 인습과 사회적 억압이 얼마나 많은 사람들에게 악영향을 미치고 있는지 정말 생생하게 보여주고 있습니다. 여러분이 이 글을 읽고 있는 지금 이 순간에도 말을 하지 못해 나중에 이렇게 눈물을 흘리게 될 일들이 얼마나 많이 벌어지고 있습니까?

학교에서 학생들을 가르치고 있는 필자도 학생들과 생활하면서 종종 이런 문제에 부딪히곤 합니다. 예를 들어 학생들이 부득이한 사정으로 수업에 빠지거나 시험을 보지 못한 경우, 교수를 찾아와 사정을 이야기하면 재시험을 보게 하거나 과제로 대치해 줄 수도 있습니다. 그러나 학생들은 그런 일이 있어도 혼자 속앓이만 하다가 일을 그르치고 맙니다. 5분만 이야기하고 가면 될 일인데, 교수라는 벽(?)에 대고 말을 하기가 어려워서 졸업을 한 학기, 어떤 경우엔 1년씩이나 뒤로 미루는 결과를 가져오는 것입니다.

필요 이상으로 과묵한 사람은 겸손하거나 수양이 잘 되어 남의 말을 경청할 줄 알아서라기보다, 입을 열지 못하게 만든 비극적인 사연 혹은 어떤 마음의 상처를 안고 있기 때문인 경우가 많습니다. 특히, 한국에서는 어린이들의 입을 봉하게 하는 인습과 사회적 분위기를 많이 느끼게 됩니다. 그러나 성장기에 말문이 막혀 버리면 평생을 두고 지름길이 아닌 엉뚱한 길로 돌아서 가게 됩니다. 따라서 성장기에 아이들의 말을 잘 들어주고 자신의 생각을 자유롭게 말할 수 있는 분위기를 만들어 주는 것은, 학원을 보내거나 용돈을 주는 것보다 더 중요한 일이라 하겠습니다.

자전거를 타고 마을을 누비는 소년의 꿈은 봉해진 입 때문에 모두 물거품이 되었습니다. 인생의 활로를 가로막는 것은 철의 장막이 아니라, 입의 장막입니다. 닫힌 입이 운명을 가로막지 않도록 지금 당장 입을 여십시오.

당신의 생각은?

1. 웅변은 은이요, 침묵은 금이다. 자신이 필요한 것을 얻기 위해 입을 여는 것보다 오히려 침묵하는 것이 낫다. (O, X)

2. 우리집도 별로 말이 없는 분위기이다. 하지만 동방예의지국에서 이런 분위기는 오히려 집안의 품위를 높여 준다. 특히, 여자 아이들에게는

그런 분위기가 약이 된다. (O, X)

3. 나에게도 앞의 소년과 같이 입을 열지 못한 경험이 있고, 그 여파가 지금도 남아 있다. 따라서 나는 적어도 자식들에게만큼은 그런 아픈 추억을 만들어주지 않도록 노력할 것이다. (O, X)

4. 나에게는 말을 붙이기 껄끄럽고 어려운 상대들이 있다. 그 가운데서도 가장 망설여지는 상대를 순서대로 적어보면 다음과 같다.

(1) _____

(2) _____

(3) _____

(4) _____

(5) _____

큰 소리로 읽어봅시다

우리의 젊은이들은 이 사회가 그들의 진실된 감정을 표현하도록 도와주고 들어줄 수 있는 능력을 잃어버렸기 때문에, 그들 자신을 불 속에 내던지고 있는지도 모른다. 영적으로 벙어리와 귀머거리가 되어 가는 우리의 모습이야말로 어쩌면 우리 자녀들과 우리 자신의 미래를 사정없이 파괴하는 악마인지도 모른다.

                                               － 《최고경영자 예수》 중에서

부정적인 말은 부정적인
운명을 만든다

말이 입밖에 나오면 말이 나를 지배한다

아버지는 결코 돈이 많은 분은 아니셨다. 하지만 여러 분야에 재능과 지식이 있으셨다. 그런 아버지가 퇴직 후, 번잡한 주식시장에서 시간을 보내면서 달라지셨다. 아버지는 자기 친구 중에서 한 명이 일주일에 약 1억 7천만 원을 벌어들이는 것을 보고, 그 주식의 상환을 청구하셨다. 아버지는 처음에 주식에 대해 잘 모르셨다. 그러다가 몇 개월 후에 주식시장에서 큰돈을 벌어들이셨다. 그 돈은 아버지가 일생 동안 일해서 벌어들인 것보다 더 많은 돈이었다. 퇴직 후 6개월 내에 그렇게 큰돈을 버시더니 자신이 생겼는지 아버지는 모든 시간과 돈을 주식에 투자하셨다. 그러나 그 다음 8개월 후에 아버지는 벌어들인 돈을 몽땅 날려 버렸고, 후에 수십 만원을 겨우 빌어 투자를 했지만, 그것도 잃어버리고 곧 세상을 떠나셨다.

이 이야기는 아버지에 대한 즐거운 추억은 아니지만, 내게 매우 큰 교훈을 주기 때문에 항상 마음속에 간직하고 있다. 아버지는 사는 날 동안 거듭해서 "인생에 있어서 나의 가장 큰 두려움은 가난뱅이로 죽는 것이다"라는 말씀을 하시곤 했다. 그래서 퇴직 후 그렇게 돈을 벌기 위해 애쓰셨는지도 모른다. 아버지는 여러 분야에서 위대한 일을 성취할 수 있는 재능을 갖고 계셨다. 그러나 결국엔 자신이 말한 대로 한 푼의 돈도 없이 빚더미 속에서 세상을 떠나셨다.[13]

이상은 사업가이며 인간계발 분야의 인기 강사로서《당신의 능력을 최대한으로 개발시켜 주는 원리》의 공저자인 스킵 로스(Skip Ross)가 말하는 자기 아버지에 대한 이야기입니다.

이 사례를 보고 여러분은 무슨 생각이 드십니까? 필자는 이 사례를 보고 "말이 씨가 된다"는 우리나라 속담을 떠올렸습니다. 말이 씨가 된다는 말은, 남에게 한 말이건 자기 자신에게 한 말이건 말한 것이 실제로 이루어진다는 뜻입니다. 여러분들도 이러한 경험을 해보았으리라 생각됩니다. 그런데 이상한 것은, 부정적인 말이건 긍정적인 말이건 씨가 되기는 마찬가지라는 사실입니다. 이와 관련된 다른 사례들을 좀 볼까요?

빌 게이츠는 "세계 모든 가정, 모든 책상 위에 반드시 하나 이상의 컴퓨터가 놓여 있는 세상을 만들겠노라"는 말을 수도 없이 했습니다. 그런데 그 말의 씨는 어떻게 되었습니까? 열매를 맺어 현실이 되어 있습니다. 영화감독 스티븐 스필버그는 "나는 세계 최고의 이야기꾼이다"라고 자기 자신에게는 물론 만나는 모든 사람들에게 말하곤 했습니다. 그리고 실제로 그는 그렇게 되었습니다. 스탠포드 대학의 사람들은 입을 모아 자신들의 학교를 일컬어 '서부의 하버드'라 했고, 싱가포르 국민들은 자신들의 나라를 가리켜 '아시아에 있는 인스턴트 유럽'이라고 불렀습니다. 그런데 신기하게도 그들의 말 역시 모두 다 현실이 되었습니다.

베스트셀러 작가인 로리 베스 존스(Laurie Beth Jones)가 쓴《억만금의 재산보다 한 줄의 예언을 물려줘라》라는 책을 보면, 이러한 사실이 더욱 여실히 증명됩니다. 그 책에 나온 사례에서 보면, 동네 세탁소 아저씨에게 "마이클, 너는 매우 똑똑한 아이란다. 분명히 커서 아주 큰 회사의 사장님이 될 거야" 하는 말을 들은 마이클은, 정말로 큰 건강관리센터의 운영자가 되었습니다. 뿐만 아니라 엘리베이터 안내원으로부터 "로제, 고개를 들고 여기에 있는 멋진 사무실들을 좀 봐. 정말 근사하지? 로제는 커서 바로 이 빌딩에 개인 사무실을 갖게 될 거야"라는 말을 들은 로제 역시, 후에 변호사가 되어 바로 그 건물에 몇 개의 사무실을 가지고 법률회사를 운영하게 되었습니다.[14]

이런 사례들을 통해 필자들이 여러분에게 전하고 싶은 메시지는, '말은 곧 운명' 이라는 사실입니다. 우리가 아무렇지도 않게 내뱉은 말이 운명이 될 수 있습니다. 여러분이 늘 스스로에게 "나는 재수가 없어", "나는 뭘 해도 안 돼" 라고 하면 정말 그렇게 되고, "나는 반드시 잘 될 거야", "나는 성공할 수 있어" 라고 하면 또 말처럼 그렇게 될 것입니다.

이것이 바로 말이 가진 무섭고 신비한 힘입니다. 예수, 아인슈타인, 존 F 케네디, 넬슨 만델라, 퀴리 부인, 그들은 모두 스스로 자신의 성공적인 미래를 확실히 말했고, 그것은 신기하게도 모두 성취되었습니다.

스킵 로스의 아버지가 가난뱅이로 죽는 두려움을 말하는 대신 부자로서 많은 유산을 사회에 헌납하는 소망을 말했다면, 그렇게 빚더미에 앉아 가난뱅이로 죽지는 않았을 것입니다. 자기가 뿌린 말의 씨는 열매가 되어 바로 자기 자신에게 돌아옵니다. 입을 열되 실패가 아닌, 성공을 말하십시오. 그래야 성공이 보입니다.

당신의 생각은?

1. '가난뱅이로 죽는 것' 은 아니지만 나에게도 스킵 로스의 아버지가 가지고 있었던 것과 비슷한 두려움이 있다. 그 두려움을 어떻게 떨쳐내느냐 하는 것이 고민이다. (O, X)

2. 두려움이나 부정적인 이미지를 떨쳐내기 위하여 의식적인 노력을 하는 것은, 오히려 그것을 더 부각시키는 역효과를 낳는다. 그럴 시간에 긍정적인 소망을 말하고, 그것을 성취하기 위해 애쓰는 것이 오히려 두려움을 퇴치하는 지름길이다. (O, X)

3. '가난뱅이로 죽는 두려움' 의 정반대 편에는 '부자로 오래 기억되는 열망' 이 있다. 이런 방법으로 두려움을 소망으로 전환하여 그 소망을 말하는 것이 바로 '입을 열어야 성공이 보인다' 는 말의 참 뜻이다. (O, X)

4. 다음의 '두려움' 을 '소망' 으로 바꾸어 보십시오.

    (1) 사회적 지탄의 대상이 되는 두려움 : ＿＿＿＿＿＿＿＿＿ 소망

    (2) 고혈압으로 쓰러지는 두려움 : ＿＿＿＿＿＿＿＿＿ 소망

    (3) 애인과 헤어지게 되는 두려움 : ＿＿＿＿＿＿＿＿＿ 소망

    (4) 승진에서 누락되는 두려움 : ＿＿＿＿＿＿＿＿＿ 소망

큰 소리로 읽어봅시다

· 말이 내 입안에 있을 때는 내가 마음대로 할 수 있지만, 입밖으로 나오면 여덟 폭 치마로도 덮을 수 없다. - 한국 속담
· 말이 입안에 있으면 네가 말을 지배하지만, 말이 입밖에 나오면 말이 너를 지배한다. - 유태인 속담
· 네 입의 말로 네가 얽혔으며 네 입의 말로 인하여 잡히게 되었느니라. - 구약성서 잠언

그들이
말을 잘하는 이유

어떤 중년신사가 차를 몰고 한적한 시

골길을 달리고 있었습니다. 햇볕은 따사롭고 신선한 가을 바람이 나뭇잎들을 가볍게 흔들어 대는 모습을 즐기며, 신사는 느긋하게 운전을 했습니다. 그런데 긴장이 너무 풀린 탓인지 앞에 무언가가 지나가는 것을 미처 발견하지 못했습니다. 급작스럽게 브레이크를 밟고 정신을 차려보니 어떤 노인이 앞바퀴 앞에 넘어진 채 손가락으로 발목을 가리키고 있는 것이 아니겠습니까? 신사는 차에서 내려 노인에게 정중하게 사과했습니다.

"죄송합니다. 많이 다치셨습니까? 움직일 수도 없을 지경입니까?"

노인이 대답했습니다.

"괜찮아, 충격이 심해서 금방 움직이진 못하겠지만 아주 부러진 건 아닌 것 같네."

다행히 노인은 화를 내기보다 신사를 위로하는 말투였습니다.

"다행입니다. 많이 다치지 않으셔서."

신사는 안도의 한숨을 내쉬었습니다.

"좀더 조심해서 건너야 하는 건데…… 내가 미안하네."

노인은 오히려 신사에게 사과를 했습니다.

신사는 그런 노인의 태도에 안심이 되었는지 "사실 전 18년 무사고 운전 기록 보유자입니다. 노인께서 조금만 더 주의해 주셨으면 이런 사고는 나지 않았을 텐데…… 이번 일로 18년 무사고 기록이 말짱 허사가 되었습니다"라고 자신의 무사고 운전 기록을 자랑하는 것이었습니다.

그러자 이번에는 노인 쪽에서 벌컥 화를 내며 소리쳤습니다.

"얘끼 이놈아, 이래봬도 나는 70년 무사고 보행 기록자야, 네 놈이 어떻게 운전을 했길래 70년 무사고 보행의 영예를 이렇게 하루아침에 날아가 버리게 한단 말이냐?"

　그렇습니다. 18년 연습으로는 70년의 연습을 당할 수가 없는 것입니다. 이 책에 등장하는 수많은 말의 슈퍼스타들, 말의 연금술사와 거장들은 모두 어느 누구 하나 선천적으로 타고난 말의 명수들이 아니었습니다.

　강간당하고 창녀생활을 했던 마야 앙겔루, 학교라곤 단 1년 밖에 다니지 못한 링컨, 말더듬이였던 데모스테네스……. 그들은 모두 말이 얼마나 중요한지 알았기 때문에 뼈를 깎는 노력을 해서 당대 최고의 말 요리사가 되었고, 나아가 시대를 이끌어 가는 리더십을 보여주었습니다.

　당대 최고의 토커, 최고의 교사로 자타가 공인하는 스티븐 코비나 잭 캔필드. 그들은 한 번의 강의에서 1억 7천만원 정도의 사례금을 받습니다. 이는 말의 가치가 무엇인지를 보여주는 단적인 예입니다. 그러나 여러분은 그들이 그 자리에 오르기까지 4만 시간 내지 5만 시간을 투자했다는 사실을 알아야 합니다. 오직 연습만이 거장을 배출하는 스승입니다.

풍부한 어휘력이
기본이다

아버지는 영어, 어머니는 프랑스어, 할아버지는 독일어 - 노아 웹스터

···▸ 노아 웹스터

노아 웹스터(Noah Webster)가 1783년에 저술한 《미국 철자법 교본 *American Spelling Book*》은, 그동안 수억 권이 넘게 팔려 미국 역사상 가장 많이 팔린 책으로 기록되어 있습니다. 그러나 웹스터는 엄청난 돈을 벌게 한 이 책의 성공에 만족하지 않고, 1807년부터 1828년까지 장장 21년에 걸친 노력으로 미국식 영어의 신기원을 이룩한 《미국 영어사전 *American Dictionary of English Language*》을 펴냈습니다. 흔히 웹스터 대사전이라 불리는 이 사전 역시 철자법 교본 못지않게 많이 팔려 나갔습니다.

요즘 한국 출판 시장에서는 단 1만 권만 팔려도 성공이라고 하는데, 그 성공의 몇 만 배의 성공을 거두었으니 웹스터의 성공이야말로 말을 통한, 말에 의한, 말을 위한 성공의 극치라 할 수 있을 것입니다. 어떤 의미에서 이것은 그만의 성공이 아니라 미국의 성공이라고도 할

수 있겠지요.

왜냐하면 웹스터의 《미국 철자법 교본》은 미국이 영국으로부터 정치, 군사적인 독립뿐만이 아니라 정신적인 독립을 하기 위해서는 독자적인 교과서가 있어야 한다는 생각에서 만들어진 것이기 때문입니다. 그의 이러한 작업은 영국과는 차별화된 고유의 발음, 문법, 철자법을 통해 미국적인 문화를 형성하는 데 크게 이바지한 것으로 평가되고 있습니다.

또한 웹스터는 스펠링과 문법 및 관용례는 실제생활과 일상회화를 반영해야 한다고 생각했는데, 그는 그 신념을 《미국 영어사전》에 그대로 반영해 나갔습니다. 그리고 그의 이런 신념이 모든 미국인들의 뇌리에 깊이 파고들어 감으로써 오늘날 미국식 영어의 활력, 더 나아가 미국이라는 나라의 활력을 불러일으켰다는 것이 그 분야 전문가들의 일치된 견해입니다.

그렇다면 웹스터는 어떻게 해서 그토록 방대하고 획기적인 사전을 펴낼 수 있었을까요? 어떻게 해서 그 많은 말들을 알고 그 용법들을 설명할 수 있게 되었을까요? 그것은 그의 아버지의 가르침 덕분이었습니다.

웹스터의 아버지는 아들의 언어교육을 위해서 자신은 영어를, 어머니는 프랑스어를, 할아버지는 독일어를 사용하도록 했다고 합니다. 그것도 부족해 하인은 외국인을 고용하여 그 나라말을 사용하게 했습니다.[15] 그래서 웹스터는 자라면서 자연스럽게 가족들과 하인이 사용하는 각각의 외국어를 익혀 한꺼번에 4개 국어를 말할 수 있게 되었습니다. 그리고 이렇게 길러진 다양한 외국어 실력이 그의 사전 편찬에 큰 힘이 되었던 것입니다.

말을 잘하려면 일단 어휘력이 풍부해야 합니다. 가령, '만남'이란 한국어와, '미팅'이란 영어, 그리고 '랑데뷰'란 불어의 뉘앙스는 분명히 다릅니다. 또 같은 한국어라도 '아름답다'와 '예쁘다', '곱다' 등의 어감 차이는 매우 크다는 것을 여러분도 잘 알고 있을 것입니다. 따라서 이런 풍부한 단어와 어휘를 알고 있으면 말을 훨씬 더 적절하고 격조 있게, 그리고 감동적으로 구사할 수 있을 것입니다.

세계적인 부동산 전문가이며 명강사인 브라이언 트래시(Brian Tracy)는 "제대로 된 프레젠테이션을 하려면, 자기가 사용하고자 하는 모든 단어에 대해서 적어도 100개 이상의 비슷한 말을 알고 있어야 한다"고 까지 말하고 있습니다. 강사가 그 정도의 충분한 준비를 하지 않으면 청중들은 강사의 얄팍함과 무지함을 단숨에 알아차린다는 것이지요. 그래서 자신은 하루에 3시간씩, 일주일에 7일씩, 일년에 365일씩 책을 읽는다고 합니다. 그렇게 20년을 해온 결과 지금은 20일 동안 쉬지 않고 계속 이야기해도 이야깃거리가 고갈되지 않는다고 합니다.[16]

사전에는 50만 내지 100만 개의 단어가 있습니다.[17] 우리에게 감동을 전하는 글을 쓴 수많은 문학가들조차도 이 풍부한 어휘를 모두 다 쓰지는 못했습니다. 조사된 바에 의하면《실낙원》을 쓴 밀턴은 8,000개의 어휘를 사용했고, 셰익스피어는 15,000개의 어휘를 사용했다고 합니다.

그러니 보통사람의 경우는 어떻겠습니까? 많이 쓴다 해도 겨우 2,000개의 단어를 사용할 뿐이라고 합니다. 게다가 이 어휘 중에도 일상적인 생활에서 담소를 나누는 가운데 사용하는 일상적 어휘와 책을 읽거나 보고서 등을 쓸 때 사용하는 비일상적 어휘로 나누어져 있기 때문에, 일상의 어휘는 더욱 빈곤하기만 합니다.

웹스터처럼 혹은 밀턴이나 셰익스피어처럼 풍부한 어휘를 구사하는 사람들은 우리를 새로운 정신세계로 인도합니다. 그리고 그들은 입을 열 때마다 듣는 사람의 마음속에 지워지지 않는 흔적을 남깁니다. 또한 우리로 하여금 귀기울이고 싶은 욕망을 불러일으킵니다. 그만큼 어휘가 풍부한 사람은 영향력 있는 사람이 되는 것입니다.

우리가 다양한 어휘를 사용하기 위해 노력한다면 분명 웹스터나 밀턴보다 혹은 셰익스피어보다 더 감동적인 말을 구사할 수 있게 될 것이고, 더 큰 영향력을 미칠 수도 있게 될 것입니다.

꽃, 포도주, 치즈 또는 현대미술 등 어떤 분야에 관한 것이라도 상관없습니다. 거기에 관련된 낱말들을 사전에서 찾아보십시오. 그러면 그것들에 대해 알아보는 방법, 그 물건을 찾아내는 방법, 먹는 방법, 마시는 방법, 그리고 그것들에 관해 말하는 방법이 현저하게 우수해질 것입니다. 그림이라면 인상파, 야수파, 입체파라는 말들을 사전에서 찾아보고 그 뜻이 지금껏 당신이 생각했던 것과 어떻게 다른지 확인해 보십시오.[18]

당신의 생각은?

1. 《미국 영어사전》은 당사자인 노아 웹스터가 아니라, 그의 아버지의 작품이라고 해도 과언이 아니다. (O, X)

2. 한 권의 책이 수억 부가 팔렸다는 것은, 그만큼 웹스터가 언어와 문화

에 대한 지식이 해박하였다는 의미이고, 그것은 어린 시절 가정교육의 덕택이었다. 나도 그런 식의 교육이 있는 가정을 만들고 싶다. (O, X)

3. 문화적 독립이라는 것은 정치, 군사적 독립이 선행되지 않으면 불가능하다. 문화는 언제나 정치, 군사적 흐름에 적응하며 따르는 것이다. (O, X)

4. 말이란 할수록 느는 것이다. 나는 앞으로 말할 수 있는 기회를 스스로 찾아 나서서 4개 국어를 배운 웹스터처럼 말의 달인이 될 것이다. (O, X)

큰 소리로 읽어봅시다

문장은 한마디로 언어의 배열이라 할 수 있다. 고로 작가는 풍부한 어휘를 알지 않고는 좋은 문장을 낳을 수 없다. 풍부한 어휘를 지니도록 하라. 어휘는 저마다 꼭 쓰여져야 할 곳이 있다. 하나의 사실에 대한 표현을 하기 위해서는 비슷한 어휘도 소용이 없고 바로 그것에 꼭 맞는 어휘를 선택하여 써야 된다. 어휘의 선택에 적확을 기해야 된다. 언어에는 계급성(계층성)이 있다. 농부는 농부의 언어를, 대학교수는 대학교수의 언어를, 지방인은 지방어를, 도시인은 도시인의 언어를 가지고 있다. 이 언어의 계층성을 분별하여 쓰지 않으면 생동하는 문장이 되지 못한다.

― 오 영 수

탁월한 언어는
굳건한 *신념에서 나온다*

"그 책임은 내게 있다" - 해리 트루먼

해리 트루먼(Harry S. Truman)은 "그 책임은 내게 있다"라는 담백한 한마디로 미국과 세계를 이끌어 가는 리더십을 보여준 인물입니다. 물론 그를 위대한 웅변가로 부르는 사람은 없지만, 많은 사람들이 그를 위대한 대통령이라고는 부릅니다. CNN의 명사회자 래리 킹은 트루먼에 대해 "그는 비록 매혹적인 연사는 아니었지만, 자신을 정확히 표현할 줄 아는 탁월한 커뮤니케이터(communicator)였다"라고 평가합니다. 래리 킹은 트루먼을 가리켜 화려하고 멋진 말을 하는 대신 직설적이고 단순 명료한 말로 자기의사를 표현하고 정책 목표를 알기 쉽게 설명할 줄 아는 사람이라고도 말했습니다. 그리고 정치인 중에서는 가장 편안한 이야기를 할 수 있는 상대였다고 말하고 있습니다.[19]

미국의 33대 대통령 해리 트루먼은 래리 킹의 말대로 말을 잘하는 사람은 아니었습니다. 더욱이 많은 사람들에게 트루먼은 너무나 평범한 사람으로 비쳐져 루스벨트 대통령이 서거한 후, 부통령에서 대통령으로 지목되었을 때는 그런 큰 일을 맡기에는 부족하다는 여론이 돌 정도였습니다. 뿐만 아니라 1차 대통령 임기를 끝내고 다시 한번 대통령 후보로서 지방유세를 하는 과정에서는, 그의 연설에 많은 군중들이 "그만 두시오, 해리" 하고 등뒤에서 야유를 보내기도 했습니다. 이 정도로 그는 대통령 재임시절에 큰 인기를 모으지는 못했습니다.

그러나 후에 시간이 지날수록 그에 대한 평가는 새로워지고 있습니다. 미국의 정치학회에서는 1950년대 초부터 미국 역대 대통령의 업적을 대학의 학점식으로 평가해 왔습니다. 여기서 트루먼의 성적은 링컨이나 조지 워싱턴 수준에는 못 미치지만 당당한 'A학점' 입니다.

그 이유는 그가 대통령에 취임하자마자 제2차 세계대전을 신속히 마무리했고, UN의 창설을 주도하면서 NATO를 결성했기 때문입니다. 뿐만 아니라 마셜 플랜(Marshall Plan)으로 전후 유럽의 복구를 지원한 일, 그리고 소련의 팽창을 억제하기 위한 트루먼 독트린(Truman Doctrine)을 선포한 일 역시 그를 A학점 대통령으로 분류하게 한 업적들입니다. 한국전쟁 때 많은 병력을 그렇게 신속하게 파병한 일도 트루먼이 아니면 도저히 할 수 없었던 일이라고 합니다.

지금 미국인들은 공산주의에 대항한 트루먼의 강한 입장을 높이 평가하여 "트루먼은 소련을 위압했다", 그리고 "트루먼

···▸ 기자회견중인 해리 트루먼
앞줄에 안경을 쓰고 있는 이가 트루먼이다.

은 냉전에서 승리했다"고 말합니다. 그리고 트루먼을 가리켜 '보통사람', '진실한 국민의 대통령'이라고 부릅니다. 또한 "전례 없는 문제에 직면해서 너무나 훌륭하게 일 처리를 했다"고 평하기도 합니다.[20)

　트루먼이 지금 이처럼 좋은 평가를 받고 있는 것은, 그가 대통령으로서 재임하며 가진 신념에서 기인한 것입니다. 그는 대통령의 가장 중요한 일을 단호한 결정을 내리는 것으로 보았습니다. 나라의 수장이 갈팡질팡하면 뒤에서 따르는 사람들이 어떠한 결정도, 어떠한 행동도 할 수 없다고 믿었기 때문입니다. 그래서 그는 모든 책임을 자신이 지겠다고 자청하고 나서서는 단호한 결정을 내리곤 했습니다.
　트루먼은 번드르르한 말로 대중의 인기를 충분히 얻을 수도 있었습니다. 그러나 그는 번드르르한 말 대신 자신의 신념에 따라 말했고 행동했습니다. 비록 그가 대중에게 인기는 얻지 못했지만, 그의 입에서 나오는 말이 신념에서 우러나는 메시지였기에, 당시 그의 결정을 신뢰하고 따르는 이가 있었고, 오늘날 그에 대한 새로운 평가가 나오는 것입니다.

　트루먼의 예에서 보듯이 듣는 이에게 감동을 주고 영향력을 발휘하는 말은 번드르르하게 포장된 청산유수 같은 말이 아니라, 자신이 가진 신념에서 우러나오는 말입니다. 말에는 세계를 움직이는 힘이 있습니다. 그러나 그 힘은 말의 유창함에서 나오는 것이 아닙니다. 그 말을 하는 사람의 사명감이 얼마나 치열한가, 그 비전이 얼마나 생생한가, 그 사람됨이 얼마나 믿음직스러운가에 의해 결정되는 것입니다.

당신의 생각은?

1. 언어보다 비언어가 더 중요하다는 것은, 서양인들에게는 잘 맞는 말일 수 있으나 동양에서는 설득력이 없다. (O, X)

2. 말의 힘은 단호하고 명료한 데서 나온다기보다 역시 화려하고 큰 스케일의 표현에서 나온다고 보아야 한다. (O, X)

3. 아무리 사명감이 있고 생생한 비전이 있는 사람이라도 그것을 감동적인 말로 전파하지 못하면 리더십을 발휘하기는 힘들다. (O, X)

4. 21세기 정보화시대, 모두가 혼자서 일하는 시대에는 트루먼 같은 스타일의 지도자보다는 윈스턴 처칠 같이 웅변에 능한 지도자가 더 필요하다. (O, X)

5. "그 책임은 나에게 있다"라는 말은 감동적인 것은 아니지만, 많은 사람을 하나의 방향으로 나아가게 하는 데에는 "철의 장막이 드리워졌다"는 말보다 더 효과적이다. (O, X)

큰 소리로 읽어봅시다

일생 동안 어떤 중요한 선택을 해야 할 고비를 맞을 때마다 나는 결정을 내리고 잊어버린다. 뭔가 잘못된 결정을 내렸을 때엔 밖에 나가서 또 다른 결정을 내린다. 나는 스스로를 위대한 인물이라고는 생각하지 않지만, 위대해지고자 노력하는 동안만큼은 위대한 시간을 보냈다.

— 해리 트루먼

스토리의 축적이
말의 재산이다

2만 개 스토리를 가진 말의 9단 - 잭 캔필드

3년 동안 뉴욕 타임즈의 베스트셀러 리스트에 올라 있는,《영혼을 위한 닭고기 수프 *Chicken Soup for the Soul*》는 북미 대륙에서만 4천만 권 이상 팔렸습니다. 과히 메가톤급 베스트셀러라 불리울 만한 이 책은 미국 서점협회(ABBY ; American Booksellers' Book of Year)가 선정하는 '올해의 책'으로 선정된 바도 있습니다. '자긍심과 절정의 성과(Self-Esteem and Peak Performance)'라는 이 책의 강의 카세트 앨범 역시 36만 부나 팔렸습니다.

이 책으로 인해 공동저자인 잭 캔필드(Jack Canfield)는 이제 세계에서 가장 감동적인 말을 하는 사람으로 인식되고 있습니다. 그는 이미 75만 명을 대상으로 '영혼을 위한 닭고기 수프' 강연과 세미나를 열었고, CNN · NBC · CBS TV에 나가 수천만 시청자를 감동시켰습니다. 또한 그가 미국 경영협회(AMA)와 공동 운영하는 'STAR'라는 기업체 교육 프로그램에는 이미 500개 주요 기업이 참가했습니다.

뿐만 아니라, 그 책의 라이선스 계약을 맺기 위해 많은 사람들이 잭 캔필드를 찾아온다고 합니다. 비단 출판계 사람들만이 아니라, 캘린더 업자·의류업자·영화제작자·다이어리 제작업자·동화책 판매업 자·포스터업자·애니메이션업자·CD업자·TV프로그램 공급업자 등 이루 다 헤아릴 수 없을 정도로 많은 분야의 사업가들이 라이선스를 따내기 위해 그에게 머리를 숙이고 있습니다. 이처럼 잭 캔필드는《영혼을 위한 닭고기 수프》로 세계 출판역사의 신기원을 열어 놓았고, 미국인은 물론 세계 많은 이들의 마음에 감동과 행복을 전해 주었습니다.

그렇다면 그가 출판의 신기원을 일으킬 만큼의 감동적인 말을 구사할 수 있었던 비결은 무엇이었을까요? 그 해답은 잭 캔필드가 한 다음의 말에서 찾을 수 있습니다.

"나는 2만 개의 스토리를 읽었다. 그 중에서 내가 좋아하는 2천 개의 스토리를 20권의 책에다 썼다. 당신이 만약《영혼을 위한 닭고기 수프》시리즈를 모두 다 읽었다면, 당신은 내가 말하지 않고는 배길 수 없는 2천 개의 스토리를 다 알게 된 셈이다." [21]

"나는 스토리를 소개하는 법, 우스개 소리를 끼워 넣는 법, 숨을 조절하는 법, 음성과 음색을 다스리는 법, 조크를 던지는 법, 신체언어의 사용법, 그리고 NLP를 쓰는 법을 배웠다. 그러나 이 모든 방법들은 내가 듣는 사람들에게 좀더 다가가는 데 사용될 때만 가치가 있는 것이지, 혹시라도 나 자신을 돋보이게 하는 데 사용한다면 나는 헛다리를 짚은 것이다." [22]

그렇습니다. 잭 캔필드가 입으로 혹은 글로 쏟아내는 말들이 그토록 많은 사람들에게 감명을 줄 수 있었던 이유는, 그 자신의 말대로 풍부한 스토리가 있었기 때문입니다.

잭 캔필드는 탁월한 이야기꾼이며, 탁월한 이야기꾼이 되기 위해 노력했습니다. 그는 2만 개의 스토리를 읽고 그 중 2천 개는 원저작권자로부터 책이나 강연에 인용해도 좋다는 서면동의를 받아두는 수고를 마다하지 않았고, 그 이야기들을 거의 외우다시피 했습니다. 그래서 그는 자기가 알고 있는 2만 개의 스토리를 적재적소에 풀어 놓을 수 있는 기술을 갖게 되었을 뿐만 아니라, 그 이야기들을 소재로 사람들의 감성과 이성을 조화롭게 터치해 나갈 수 있게 되었습니다. 이것이 잭 캔필드를 세계에서 가장 탁월한 이야기꾼으로 만든 비결입니다.

스토리를 많이 알고 그것을 제대로 풀어나갈 줄 아는 잭 캔필드식 화법은 토크 파워를 강화하는 매우 강력한 무기가 될 것입니다. 여러분도 대화할 때, 혹은 프레젠테이션할 때 알고 있는 스토리를 이용해 보십시오.

막상 사람 앞에서 말할 때 너무 떨려 알고 있는 스토리도 잊어버리고 만다면, 스토리 수첩을 만들어 보는 건 어떨까요? 조그마한 다이어리 뒷부분도 좋고, 따로 수첩을 만들어도 좋습니다. 남에게 들은 재미있는 이야기, 책이나 영화에서 본 흥미진진한 스토리 같은 것을 수첩에 요약해 놓고, 자주 들여다보십시오. 이러한 스토리의 축적이 바로 말의 재산이 됩니다.

당신의 생각은?

1. 삶의 지혜에 관한 2만 개의 스토리를 알고 있다면, 그야말로 인생을 달관한 경지에 도달했다고 볼 수 있다. 그런 머리에서 나오는 말이 사람들을 감동시키지 않는다면 오히려 이상한 일이다. (O, X)

2. 오직 듣는 사람들에게 다가서고 그들과 혼연일체가 되기 위해 말의 원리를 터득해 나갈 뿐, 자기를 돋보이게 하지 않을 바에야 그런 걸 연습할 필요는 없다. (O, X)

3. 다른 사람들에게 꼭 들려주고 싶은 이야기, 하지 않고는 배길 수 없는 이야기가 2천 개나 있다면 말을 못할래야 못할 수가 없을 것이다. (O, X)

4. 2천 개의 스토리에 대해 저작권 소유자들로부터 모두 인용을 위한 서면동의를 받았다는 것은, 그 자체가 하나의 위대한 웅변이다. (O, X)

5. 삶의 지혜 또는 내가 사람들에게 말해야 하는 문제에 관하여 내가 아는 스토리는 _____개 정도이다. 앞으로 _____개 이상 더 축적하고 싶다.

큰 소리로 읽어봅시다

당신이 가장 최근에 들었던 감동적인 이야기를 떠올려 보라. 머릿속에 지워지지 않고 맴도는 영화, 새로운 시야를 열어주었던 소설, 자신의 정체성을 확인시켜 준 가족 이야기 등등 어떤 것이든 좋다. 하던 일을 잠시 멈추고 그런 것들을 기억해 두길. 당신이 감동을 받은 이야기라면, 그 이야기 안에는 분명 진실이 담겨 있다는 뜻이니까. 그리고 그 진실은 당신뿐만 아니라 언젠가 다른 사람에게도 전파되어 나갈 테니까.

– 《대화와 협상의 마이더스, 스토리텔링》 중에서

비극을 승화시킨 열정

실어증 환자에서 위대한 시인으로 - 마야 앙겔루

···→ 마야 앙겔루

마야 앙겔루(Maya Angelou)는 미국을 대표하는 배우이며 시인입니다. 우리는 그녀를 알렉스 헤일리(Alex Haley)의 TV 미니시리즈 '뿌리(Roots)'의 쿤타 킨테 할머니로 알고 있으며, 감동적인 연기로 에미상을 수상한 여배우로 기억합니다. 그러나 그녀의 경력은 우리가 생각하는 것보다 훨씬 더 화려합니다. 그야말로 미국의 르네상스 그 자체이지요.

그녀는 웅변가이고 연극계 최고의 영예인 토니상과 에미상 수상자이며, 50개가 넘는 명예박사학위를 받은 박사, 배우, 교사, 희곡작가, 프로듀서, 그리고 베스트셀러 작가인 동시에 시민사회운동가입니다. 이런 그녀의 인생편력 역시 다채롭기 그지없습니다. 그녀는 샌프란시스코 전차 운전사, 사창가의 마담과 나이트클럽 가수 등의 다양한 직업을 거쳐 그 유명한 무펫 쇼(Muffet Show)에도 고정출연해 왔습니다.

그녀를 일약 세계적인 명사로 만든 것은, 그녀가 쓴 《새장의 새가 왜 우는지 나는 알지요 *I Know Why the Caged Bird Sings*》라는 책이었습니다. 그 책은 2백만 부 이상 팔린 베스트셀러이며, 그 덕에 그녀는 흑인여성으로서는 최초로 세계적인 베스트셀러 작가 반열에 올랐습니다.

너무나 많은 사람들이 그녀의 강연을 듣는 것을 세상에서 가장 큰 행운으로 여기고 있습니다. 지금 마야 앙겔루는 지구촌 곳곳을 다니며 마치 춤을 추는 듯한 경쾌한 언어, 율동과 같은 언어의 마술을 보여주고 있습니다. 현란한 시어(詩語)들을 쏟아내는 매혹적인 그녀의 저음이 강연장을 꽉 메우면, 그때부터 기기묘묘한 색조의 레이스로 치장한 언어들이 춤을 추기 시작합니다.

《영혼을 위한 닭고기 수프》의 저자 잭 캔필드는 앙겔루의 강연을 듣고 나서 그 감회를 다음과 같이 술회하였습니다.

"마야 앙겔루가 강연을 마치자, 우리 모두는 그녀와 사랑에 빠졌고 거기 있던 모든 사람과도 사랑에 빠졌다. 나는 말이라는 것이 저렇게도 사용될 수 있는 것이로구나, 저런 절묘한 방법도 있구나 하는 생각이 들었다. 그녀는 미사여구의 수식어를 쓰지 않고 오직 핵심적인 간단한 단어들만 사용하였다. 그런데도 그녀가 쏟아내는 한 마디 한 마디가 그대로 감동적인 시 그 자체였다. 그래서 모든 사람의 영혼에 강하고 깊게 파고들었다. 나는 마치 시인이 된 기분이었다. 나는 좀처럼 시를 쓰지 않는다. 그러나 그 날 밤은 집에 돌아와서 내 삶에 대한 감동을 노래하는 시를 한편 썼다. 마야 앙겔루가 내 속에 있던 수줍은 시심을 잠 깨운 것이다." [23]

그런데 이렇게 모든 이를 감동하게끔 만드는 마야 앙겔루의 시와 말은 그녀의 처절한 비극을 열정으로 승화시킨 결과물입니다.

앙겔루는 어렸을 때 벙어리처럼 말을 하지 않았습니다. 그녀의 입을 닫게 만든 너무나 아픈 상처가 있었기 때문입니다. 그녀가 일곱 살 때였습니다. 그녀는 어머니의 애인에게 강간을 당했습니다. 이것만해도 어린 나이에 감당하기 벅찬 시련이었을 것입니다. 그런데 더 큰 시련은, 강간범이 누구였는지를 가족에게 말한 후였습니다. 그녀가 강간범이 누구였는지를 말한 지 얼마 되지 않아 범인이 시체로 발견되었던 것입니다. 어린 앙겔루는 자기의 목소리가 사람을 죽였다고 생각하고 큰 충격을 받았습니다. 그때부터 그녀는 아무 말도 하지 않고 벙어리 아닌 벙어리가 되었습니다. 자신의 목소리가 사람을 죽이는 매우 위험한 것이라고 생각했기 때문입니다. 그래서 자기가 입을 열면 또 누군가가 죽을지도 모른다는 공포에 시달렸습니다. 그렇게 그녀는 5년 동안이나 혼자 방안에 처박혀 입을 닫아 버리고 말았습니다.

하지만 그녀는 천성적으로 아름다운 소리들을 좋아했고 말소리를 신비롭게 생각했습니다. 특히 그녀는 시를 좋아했습니다. 입을 굳게 닫은 채 혼자 앉아서 자기 자신을 거인의 귀라고 상상하며 온갖 아름다운 소리들을 머릿속에 흡입했습니다. 그렇게 5년이 흘렀을 때 누군가가 그녀에게 일깨워 주었습니다. "네가 진정으로 시를 좋아한다면, 목소리를 내어 시를 암송해야 한단다" 하고 말입니다.

그 말을 들은 앙겔루는 자신의 아픔과 고통을 피하기 위해 숨지만 말고 이를 시로 승화시켜야 한다고 생각했습니다. 그리고 그렇게 되면 자신의 저주의 목소리가 어디선가 자기처럼 고통받는 사람들에게 도움이 되는 희망의 목소리로 바뀔 수도 있다고 깨달았습니다.

그 후 파란만장한 인생유정을 거치면서도 그녀는 시를 좋아하고, 시를 낭독하는 소리를 좋아하고, 또 그것을 내면에 되새겨 넣는 열정을 언제나 간직했습니다. 그리고 그런 그녀의 열정은 인생유정을 극복하는 힘이 되기도 했습니다.

마침내 그녀는 1970년부터 지금까지 되새긴 시적 상상력을 동원해 글을 쓰기 시작했고, 그렇게 해서 발간된 《새장의 새가 왜 우는지 나는 알지요》는 미국 문단사상 기념비적인 작품이 되었습니다. 그녀는 1993년 1월 2일 클린턴 대통령 취임식에서 직접 자신의 시 '아침의 맥박(On the Pulse of Morning)'을 낭송하기도 했습니다.[24]

인생을 살아가다 보면 입과 귀를 막고 어디론가 숨어 버리고 싶을 정도의 시련이 닥칠 수도 있습니다. 그러나 그런 시련에서 도망가지 말고 맞서 싸우거나 그 아픔을 다른 것으로 승화시켜 보십시오. 그것이 그림이 될 수도 있고 글이 될 수도 있습니다. 어린 마야 앙겔루도 큰 충격으로 입을 닫아 버렸지만, 시를 암송하는 열정으로 다시 입을 열어 이제 세상에서 가장 아름다운 말을 구사하는 언어의 연금술사가 되었습니다.

당신의 생각은?

1. 벙어리 아닌 벙어리 생활 5년이 오히려 앙겔루에게는 시적 상상력을 풍부하게 해주는 계기가 되었다. 역시 아름다운 언어는 고뇌의 산물이다. (O, X)

2. 전쟁 참가, 전차 운전사, 창녀 등의 험한 경험들이 오히려 그녀를 강인하게 했고, 그런 강인함이 수천 수백 청중을 사로잡는 자신감으로 승화된 것이다. (O, X)

3. 반벙어리, 실어증 환자의 이력을 가진 앙겔루도 열정 하나로 대통령 취임식에 초청되어 자작시를 낭송하는데, 멀쩡한 나는 _____ _____ 정도는 얼마든지 해낼 수 있다.

4. 앙겔루는 시로 자신의 비극을 승화시켜 언어의 연금술사가 되었다. 나는 앞으로 시련이 닥치면 이를 승화시킬 수 있는 _____라는 나만의 세계를 만들어 놓을 것이다.

큰 소리로 읽어봅시다

앙겔루는 아칸서스의 유년시절 얘기부터 시작했다. 그녀의 입에서 나오는 얘기들은 말과 감정이 뒤섞여 구르듯 용솟음쳤다. 그녀는 아무 자료도 보지 않고 명언들을 쏟아냈다. 마치 강인하면서도 자애로운 영가의 향기가 흘러 넘치는 것 같았다. 강연장에서 걸어나오면서 나는 인생의 무한한 깨달음과 엄청난 가능성을 발견한 느낌을 받았다.

– 도날드 라히리스(Donald Rachlis)

작은 성공이
큰 성공의 밑거름이다

미국인을 사로잡은 한국인의 연설 - 이원설

필자(이원설)는 1955년 25세 때 미국유학을 갔습니다. 당시는 한국 전쟁 직후였기 때문에 미국인들이 한국에 관심이 많을 때였습니다. 그래서 나는 그곳 교회나 로터리클럽 등에서 강연 초청을 자주 받곤 했습니다. 처음에는 영어에 자신이 없었기 때문에 약간 주저하기도 했습니다. 그러나 나는 남 앞에 서서 말하는 것에 대한 자신감이 있었고, 특히 '미국인들은 영어밖에 못하지만, 나는 한국말은 물론이고 일어, 영어 그리고 독어를 조금이나마 할 수 있지 않은가?' 라는 생각에 더욱 자신감이 생겼습니다. 서툴렀지만 그렇게 자신감을 가지고 크고 분명한 목소리로 말을 해서 그런지 미국인들은 내 강연에 크게 호응했고, 그래서 점점 더 많은 초청을 받게 되었습니다. 그 후 50여 년 동안 강연은 내 생활의 아주 중요한 부분이 되었습니다.

내가 어려서부터 이렇게 말에 대한 자신감을 갖고 있었던 것은 아닙니다. 나는 어릴 때 말을 더듬을 정도로 말하기를 두려워했습니다.

가난한 농가에서 태어난 나는 새벽부터 저녁까지 일하시는 부모님과 대화를 나눌 시간이 없었습니다. 게다가 큰 부락에서 떨어진 계곡에 세 채의 집만이 외롭게 있는 곳에서 살고 있었기에, 나는 어린 시절 변변한 대화상대나 놀이상대가 없었습니다.

때때로 아버님께서 나에게 학교공부를 물으실 때가 있었지만, 그때마다 내가 들은 말은 "이 애가 왜 이렇게 어벙하지! 말을 좀 똑똑히 해! 입을 벌리고 한 마디, 한 마디!"라는 엄한 훈계뿐이었습니다. 이런 환경에서 자연히 나는 말수가 적어졌고, 심지어 말을 더듬게까지 되어 점점 자신감을 잃어 갔습니다.

이런 내가 말에 대한 자신감을 갖기 시작한 것은 1945년 8월, 민족 해방의 날이 왔을 때부터였습니다. 해방이 되고 고향마을에서는 모든 사람들이 한자리에 모여서 해방을 축하하는 큰 집회가 열리게 되었습니다. 그런데 이게 웬일입니까? 놀랍게도 내가 소년대표로 연설을 하도록 선택되었던 것입니다.

당시 말에 대해 자신감이 없던 나로서는 '내가? 어떻게 많은 사람들 앞에서 연설을 할 수 있을까?' 하고 고민할 수밖에 없었습니다. 그런 모습이 안쓰러웠는지 교회 전도사님이 연설문을 하나 써주셨습니다. 나는 그 원고를 들고 골짜기 근처 숲에 숨어서 매일 큰소리로 읽으며 발표연습을 했습니다. '말을 못하면 외워서라도 하면 될 것이 아닌가' 하고 다부지게 마음을 먹고 말입니다.

드디어 그 축하회의 밤, 나는 떨리는 걸음으로 단상에 올라섰습니다. 수많은 얼굴들이 나를 쳐다보았습니다. 나는 가슴이 터질 것 같았습니다.

"존경하는 어르신들." 그리고는 다음 말이 생각이 나지 않았습니다. 순간 너무나 당황했지만 마음을 가다듬고 다시 한번 입을 열었습니다. "그리고 형님들, 누님들." 그런데 이렇게 한번 입이 터지자, 그동안 산에서 나무와 바위를 향해서 외치던 기억이 되살아나 힘있게 손까지 쳐들며 당당히 연설을 할 수 있게 되었습니다.

"존경하는 어르신들, 그리고 형님, 누나들! 이제 마침내 우리는 자유를 얻었습니다. 일본 제국주의의 족쇄와 쇠사슬은 산산이 부서졌고, 우리는 고삐가 풀린 송아지처럼 자유롭습니다. 우리는 우리가 원할 때 달리고 뛰어 오를 수 있습니다. …… 우리 민족을 해방시켜 주신 하나님께 감사 드립니다!"

연설이 끝났을 때 내 귀엔 많은 이들의 박수소리와 환호소리가 들려왔습니다. 내 가슴은 기쁨과 자랑스러움으로 터질 것만 같았습니다. '말더듬이였던 내가 이 많은 청중들을 감동시키는 연설을 해내다니!' 그때부터 나는 말하는 데 자신감을 갖기 시작했습니다. 마을 잔치에서의 한 번의 작은 성공이 '할 수 있다'는 신념이 되었던 것입니다. 그것이 밑거름이 되어 나는 수백 수천 군중 앞에서도, 세계 유수 대학총장들 앞에서도, 왕이나 대통령 앞에서도, 또 영어로도, 일어로도, 한국어로도 나의 생각을 다 말할 수 있게 되었습니다.[25]

많은 사람들 앞에 서는 것이 두렵고 자신이 없다면 친구들이나 가족들 앞에서라도 말하는 연습을 해보십시오. 한 번의 작은 성공이 연속적인 큰 성공을 불러옵니다. 작게 한 번만 성공해 보면 됩니다. 입을 열어 성공을 맛보십시오.

당신의 생각은?

1. 아무리 노력해도 말만은 잘 안 되는 사람이 있다. 선천적으로 말을 잘하는 사람은 없을지 몰라도 선천적으로 못하는 사람은 있다. 내가 그런 경우다. (O, X)

2. 문제는 한 번의 작은 성공이다. 그러나, 자신감이 없으면 그 기회를 잡지 못한다. (O, X)

3. 작은 성공에서 자신감을 얻었다고는 하지만, 왕이나 대통령, 혹은 세계적인 대학의 총장들 앞에서 거리낌 없이 말할 정도라면 선천적인 재능이 있었다고 보아야 한다. 노력만으로는 그렇게 되지 못한다. (O, X)

4. 나에겐 지금 _____월 _____일 _____에 나가서 _____명의 사람들에게 _____에 관한 토크를 해야 하는 작은 기회가 있다. 나도 한번 그렇게 연습해서 작은 성공을 거두어야겠다.

큰 소리로 읽어봅시다

듣는 사람의 마음속을 파고들려면 그들에 대해 철저한 조사를 하라. 그러면 그들의 주의를 끄는 서두를 만들어낼 수 있을 것이다. 핵심적이고 멋진 한마디의 서두는 그럴 듯하지만 옳지 않을 수도 있다. 청중의 기대치와 주최측의 기대치가 다를 수도 있기 때문이다. 그럴 땐 양자 사이를 잘 조화시켜야 한다.

– 레스 브라운(Les Brown)

두뇌와 능력이 아니라,
노력과 끈기다

말의 묘미를 살리기 위해선 단 한마디를 104번이라도 고친다 - 패니 허스트

말의 묘미를 최대한 살리면서 자기가 생각한 것을 정확하게 표현하기 위해서는, 자기와의 치열한 싸움이 필요합니다. 물론 그것이 말처럼 쉽지만은 않지요. 그런데 유명한 작가들에게도 이것은 마찬가지입니다. 소설가 패니 허스트(Fanny Hurst)의 경우를 한번 볼까요?

소설을 써 성공하겠다는 야망을 가지고 허스트가 뉴욕에 온 것은 1915년의 일이었습니다. 그녀는 수개월 동안 뉴욕 브로드웨이의 뒷골목을 샅샅이 뒤져가며 거기서 일어나는 일들을 관찰했습니다. 그리고 그것을 소재로 작품을 썼습니다. 많은 공을 들여 완성한 소중한 작품을 들고 출판사를 찾아갔지만, 그녀는 그 자리에서 보기 좋게 거절당했습니다. 그러나 그녀는 이에 아랑곳하지 않고 그 소설을 다시 고쳐서서 계속 그 곳을 찾아갔습니다. 35번이나 찾아갔지만, 35번 모두 거절당했습니다.

어지간한 사람이라면 자존심도 상하고 자신의 자질에 대한 회의도 느껴 소설가가 되기를 포기하고, 아예 그 도시를 떠나 버렸을 것입니

다. 그러나 그녀는 거절당할 때마다 마음속으로 '브로드웨이야! 너는 반드시 내 앞에 무릎을 꿇게 될 것이다!' 라고 외치며 끈질기게 출판사를 찾아다녔습니다.

낮에는 직장에 나가서 생활비를 벌고, 밤에는 타자기와 씨름했습니다. 그러기를 4년, 드디어 그녀는 36번째에 출판사와 계약을 맺게 되었습니다. 그렇게 많이 거절당하고 실패했지만, 그 실패를 딛고 마침내 자기 소설을 책으로 내게 된 것입니다. 그리고 지금 그녀는 엄청난 성공을 거둔 소설가의 위치에 올라서 있습니다.[26]

《굼벵이 Lummox》, 《나를 해부하다 Anatomy of Me》, 《삶의 모방 Imitation of Life》 등의 작품으로 이미 유명해진 그녀는, 지금도 처음 원고뭉치를 들고 출판사를 찾아갔던 마음으로 자신의 글을 50번에서 100번 정도씩 고친다고 합니다. 어떤 날은 한 줄의 문장을 104번이나 고친 적도 있습니다. 더욱이 신문사에 가면 다시 편집될 것이 뻔한데도 아주 짤막한 스토리의 한 줄을 고치느라, 하루를 온통 소비하기도 한다고 합니다.[27]

35번을 거절당하고도 포기하지 않고 또 다시 써서 찾아가는 끈기와 한 줄의 글을 104번이나 고치는 열정이 있었기 때문에, 그녀의 소설이 독자들에게 감동을 주는 것입니다.

허스트의 이야기는 자신의 생각을 말이나 글로 정확히 표현하는 것이 얼마나 어렵고, 또 중요한 것인가를 일깨워 줍니다. 대부분의 사람들은 그렇게까지 말이나 글을 다듬을 만한 시간도 없고, 그런 성품도 갖추지 못했습니다. 그렇다고 "난, 안 돼!" 하고 포기하시겠습니까? 너무 어렵게 생각하지 말고 간단한 것부터 시작해 봅시다.

우선 무언가를 제대로 표현하기 위해, 관련된 모든 정보를 늘어놓고 보십시오. 중복되거나 무의미하거나 또는 부적절한 것일지라도 일단은 상관없습니다. 그리고 가장 불필요하다고 생각되는 것부터 하나씩 지워나가며 초고를 완성하고, 그 다음엔 허스트식으로 고치기에 들어갑니다. 잘 안 된다고 조급하게 생각하지도 마십시오. 소설가 허스트도 자신의 글을 104번 고쳤는데, 일반인인 경우 110번, 120번 고쳐도 창피한 것이 아닙니다.

나면서부터 말을 잘하거나 글을 잘 쓰는 사람은 흔치 않다고 생각합니다. 누구나 이를 위해 부단히 노력하고 연습한다면 가능한 것입니다. 두뇌의 차이, 능력의 차이는 결정적인 차이가 아닙니다. 노력의 차이, 끈기의 차이가 결정적 요인이 되는 것입니다.

당신의 생각은?

1. 어떤 목표를 달성함에 있어서 가장 중요한 요소는 끈기이다. 따라서 "나는 실패했다"는 말은 거짓말이다. "나는 포기했다"는 말이 정직한 것이다. (O, X)

2. 우리나라 사람들이 말의 중요성에 대해 충분히 인식하지 못하는 것은, 학교교육이 일방적인 주입식으로 이루어지기 때문이다. (O, X)

3. 활발한 토론이 아닌, 보스의 신호대로만 움직이는 정당운영과 정치스타일 등은 말을 통한 잠재력 개발을 가로막는 요인이다. (O, X)

4. 나는 보통 어떤 문장을 남들에게 내놓을 때 _____번 정도 고치고, 가장 많이 고쳐본 것은 _____번이다. 앞으로는 반드시 _____번 이상은 고치고 다듬는 습관을 기를 것이다.

큰 소리로 읽어봅시다

유명한 피아니스트인 루빈스타인에게 한 여성이 말했다. "선생님처럼 피아노를 잘 쳤으면 좋겠어요" 루빈스타인은 미소를 지으면서 "매일 6시간에서 8시간씩 집중해서 피아노 연습을 하십시오. 이러한 집중된 노력을 통해 당신의 꿈은 실현될 것입니다"라고 말했다. 루빈스타인은 연습 계획을 세우고 반드시 그것을 지켰다. 부와 명성을 얻고 난 후에도 그의 피아노 연습은 계속되었다.

말의 거장들도
입을 열 때 긴장한다

내가 긴장되고 떨려야 남을 감동시킬 수 있다 - 노만 빈센트 필

《적극적 사고방식》의 저자 노만 빈센트 필(Norman Vincent Peale)은 한 인기 코미디언과 함께 텔레비전 프로에 출연한 적이 있습니다. 그 코미디언은 재치 있는 입담으로 대중들에게 큰 인기를 얻고 있는 사람이었습니다. 필과 함께 대기실에 앉아 있던 코미디언은 긴장된 표정으로 방송준비를 하고 있는 필에게 다가와 "많이 긴장하신 것 같군요, 떨리세요?"라며 말을 걸었습니다.

필은 "네, 좀 그러네요. 저는 제 말을 듣는 사람들을 존중하기 때문에, 여러 사람 앞에서 말을 할 때면 저절로 긴장이 되고 냉정을 잃게 됩니다. 특히, TV 출연일 경우엔 더 심한 거 같아요. TV에서 하는 말은 더 많은 대중이 듣기 때문에 그만큼 책임감이 더 크게 느껴집니다. 당신은 그렇지 않습니까?"라고 말하며 코미디언에게도 되물었습니다.

"전 도무지 이해를 못하겠어요. 왜들 떨지요? 시청자들이란 무슨 말을 해도 다 잘 따라오는데… 말하자면 바보 중의 바보가 바로 시청자들 아닌가요?" 코미디언이 필에게 답답하다는 듯이 말했습니다.

"전 그렇게 생각하지 않습니다. 시청자들은 절대적인 권한을 쥐고 있는 심사위원이죠. 그래서 저는 그들을 두려워하고 그들 앞에 설 때면 저절로 긴장이 됩니다." 필의 대답이었습니다.

그런 일이 있은 얼마 후, 필은 그 코미디언이 인기도 없어지고 수입도 줄어 매우 고생을 하고 있다는 기사를 읽었습니다. 기사를 보자마자 필은 그 이유를 직감적으로 알 수 있었습니다. 시청자들을 감동시키기 위해 노력하지도 않고, 자기의 말이 미칠 영향도 생각하지 않은 채 그들을 바보로 알고 무시한 태도가 결국 시청자들의 외면을 초래한 것입니다.

필은 그 코미디언과는 비교도 안 될 정도로 많은 강연과 상담 경험이 있고,《적극적 사고방식》이라는 책으로 세계를 감동시킨 거장입니다. 그의 책은 42개 국어로 번역되었고, 그의 강의를 직접 들은 사람만도 2천만 명이 넘습니다. 그런 거장도 사람들 앞에 나가면 긴장을 합니다. 그 이유는 마음속으로 자신의 책을 읽는 모든 사람, 강연을 듣는 모든 사람, 그리고 프로그램을 시청하는 모든 사람을 존중하며 진심으로 섬기려는 생각을 지녔기 때문입니다. 그리고 그러한 생각이 그를 세계적인 스피치의 명사로 만든 원동력이 된 것입니다.

노만 빈센트 필의 경우처럼 어느 정도의 긴장은 집중력을 높이고 평소에 미처 발휘하지 못했던 능력까지 사용할 수 있게 만드는 효과를 발휘합니다. 뿐만 아니라 태연자약한 목소리는 식상할 수도 있지만, 약간 상기되고 떨리는 듯한 목소리는 오히려 더 호소력이 있고 친근감을 줄 수도 있습니다. 물론, 그 긴장 속에는 자신의 이야기를 듣는 청중에 대한 존중의 마음과 자신의 이야기가 미칠 영향력에 대한 두려움이 내재되어 있어야 할 것입니다.

카네기는 열중해서 작곡을 한다든지 글을 쓰거나 기도를 할 때, 또는 설교를 할 때는 약간 성난 것 같은 기분으로 할 필요가 있다고 말했습니다. 그럴 때 자신의 온몸의 피가 용솟음치고, 의외의 아이디어가 떠오르며 지성과 감성이 더욱 예민해지기 때문이라는 것입니다.

사람들 앞에 나설 때 긴장하고 떠는 사람이 오히려 청중을 감동시킬 수 있습니다. 떨린다고 도망치는 것이 아니라, 떨리는 마음을 거꾸로 활용하는 것, 이것이 우리가 필에게서 배워야 할 교훈입니다.[28]

당신의 생각은?

1. 긴장은 집중력을 떨어뜨리고 평소에 알던 것도 잊어버리게 하는 것이 보통이다. 따라서 긴장할수록 말이 잘 된다는 것은 말에 대한 선천적 재능이 있는 사람들에게만 해당되는 이야기다. (O, X)

2. 듣는 사람을 바보로 알 정도로 태연자약하지 않으면 TV프로그램을 원만하게 진행할 수 없다. 따라서 필의 경우가 오히려 납득되지 않는다. (O, X)

3. 사람들 앞에 나설 때 긴장하고 떠는 사람이 진짜 무대체질이다. 왜냐하면, 그만큼 무대를 의식하는 사람이기 때문이다. (O, X)

4. 사람들 앞에서 떤다는 것은 그만큼 준비나 연습이 부족하다는 의미이다. 준비만 충분하다면 떨리는 것도 없어질 것이다. (O, X)

5. 태연자약한 목소리는 식상하지만, 조금 떨리는 듯한 목소리는 오히려
   호소력이 있고 친근감을 느끼게 한다. (O, X)

큰 소리로 읽어봅시다

어차피 완벽하지 못한 것이 인간이기 때문에 많은 사람들 앞에서 이야
기를 하다 보면 떨리기 마련이다. 그래서 방금 자기가 무슨 말을 했는지
도 모를 때가 있다. 그때 "방금 제가 무슨 얘기를 했죠?"라고 물으면 사
람들은 "작년 여름에 부인과 바닷가에서…"라고 가르쳐 준다. 이때 사람
들은 당신을 멸시하는 것이 아니라, 오히려 더 많은 관심과 애정을 보낸
다. 왜냐하면, 그들은 당신이 인간이라는 것을 알기 때문이다.

                                                    – 잭 캔필드

끊임없는 연습만이
대가를 만든다

"그자가 우리의 적이 아니란 말입니까?" - 데모스테네스

"……그자가 우리의 마을을 집어삼켜 통치하게 되어도, 우리가 생지옥으로 떨어지지 않는단 말입니까? 적들이 계속 싸움을 걸어오고 전투가 벌어지고 있는데도 우리는 목숨을 바쳐 싸우겠노라 다짐하지 않겠단 말입니까? 그자가 우리의 적이 아니란 말입니까? 그자가 우리의 모든 것을 강탈해 가지 않았단 말입니까? 그자가 야만인이 아니란 말입니까? 무슨 할 말이 더 있습니까?"

이것은 마케도니아의 필립 II 세가 침략해 왔을 때 데모스테네스 (Demosthenes)가 아테네 시민들에게 한 연설입니다. 그는 아테네 시민들의 무기력함을 꾸짖고, 분연히 일어서 전선에 나가 나라를 지키라고 호소했습니다. 그러나 그의 연설이 반도 끝나기 전에 청중의 태반이 자리를 떠났고, 연설이 완전히 끝났을 때는 연단에 데모스테네스 혼자만이 남아 있었다고 합니다.

왜? 어디로 가기 위해?

그의 연설을 듣던 아테네 시민들은 너무나 감동하여 그 연설을 끝까지 경청하지도 못한 채 전선으로 달려나갔던 것입니다. 그는 적들의 침입으로 겁에 질려 어찌할 바를 모르고 허둥대던 아테네 시민들에게 말로써 용기를 심어주었고, 나아갈 바를 제시해 주었습니다.

데모스테네스는 아테네의 '자유의 대변자'로 불리는 유명한 웅변가였습니다. 그는 25세 때부터 대중에게 감동을 주는 연설을 해왔다고 합니다. 그래서 지금도 말이 주는 힘에 대해 이야기 할 때, 우리는 데모스테네스의 예를 자주 들곤 합니다.

그렇다면 데모스테네스가 타고난 달변가요, 웅변가였을까요? 절대 아닙니다. 그는 언어장애자, 이른바 말더듬이였습니다. 이런 그가 대중을 사로잡는 웅변가가 되기까지는 정말 피나는 노력이 있었습니다.

전해지는 바에 의하면 그는 언어장애를 극복하기 위하여 산골짜기에서 바위와 나무들을 향해 연설을 하면서 말솜씨를 익혔고, 바닷가에서 자갈을 입에 물고 말 연습을 했다고 합니다. 뿐만 아니라 투기디데스(Thucydides)의 역사책을 여덟 번이나 베껴 썼습니다.

입에 자갈을 물고 말해도 자신의 말이 명료하고 감동적으로 들릴 때까지 연습하고, 그 유명한 역사가의 웅장하고 인상적인 문체를 모두 흡수했으니, 어찌 그의 말이 사람들의 마음을 움직이지 않을 수 있었겠습니까?

타고난 달변가는 없습니다. 말의 슈퍼스타들은 한결같이 자기만의 방법이 있었고, 또 그 방법으로 엄청난 노력을 했습니다. 소설가 패니 허스트는 단 하나의 문장을 104번이나 고치길 마다하지 않았고, 래리 킹은 고양이나 금붕어에게도 말을 했습니다. 링컨은 유명 강사의 말을 듣기 위해 50마일 60마일도 멀다않고 달려갔습니다. 그 유명한《적극적 사고방식》의 노만 빈센트 필도 대중 앞에 나가기 전에는 긴장하여 가슴을 졸일 정도로 듣는 사람을 존중하고 섬기는 자세를 견지하였습니다. 잭 캔필드는 2만 개의 스토리를 읽고 그 중 2천 개에 대해 자기 책에다 인용해도 좋다는 서면동의를 확보하는 노력을 했습니다.

이런 끊임없는 노력과 연습이 바로 말의 슈퍼스타, 말의 거장이 되는 비결입니다.

당신의 생각은?

1. 입에 자갈을 물고 연습했다는 것은 그만큼 명확한 발음을 중요하게 여겼다는 뜻인데, 요즈음엔 콘텐츠의 설득력이 더 중요한 문제이기 때문에 목소리나 발음은 그렇게까지 연습할 필요가 없다. (O, X)

2. 아무리 멀티미디어가 발달해도 토크 파워 없이는 사람들을 어떤 하나의 방향으로 이끌어가기는 불가능하다. (O, X)

3. 획기적인 명언을 남기려 하다 보면 오히려 더 설득력이 떨어진다. 따라서 진솔하고 성실하게 말하는 것이 중요하다. (O, X)

4. 설득력 있는 지도자를 많이 배출하기 위해서는, 대학입시 자체가 데모스테네스처럼 공부하도록 바뀌어야 한다. (O, X)

5. 얼굴표정, 자세, 몸의 움직임, 목소리, 시선 등이 말의 내용보다 더 중요할 수 있다. 그런 것들을 갖추기 위해서는 다른 사람들이 어떻게 하는가를 유심히 관찰하면서 장단점을 비교하는 것이 좋은 방법이다. (O, X)

큰 소리로 읽어봅시다

웅변은 은만도 못하고
침묵은
금강석보다 더욱 귀한 이 세상에
침묵마저 버리기
오로지 숨만 쉬기
내 눈의 들보보다
남 눈의 티끌 분명히 보여도
아무 말 하지 않고 침묵하기
비판이 비난으로 다시 욕설로 돌아오는
그 말
모두 버리기

– 양왕용의 '버리기 7' 중에서

말의 예산서를 작성하라

우리는 지금까지 말의 힘과 역동성에

대해 살펴보고, 왜 입을 열어 적극적으로 자기를 표현하는 말을 해야 하는가에 대해서 이야기했습니다. 아울러 엄청난 토크 파워를 보여준 사람들의 비결에 대해서도 살펴보았습니다. 이젠 그런 토크 파워를 기르기 위한 구체적인 방법론을 이야기 할 차례입니다.

신물질이나 미사일 또는 로봇이 그러하듯이 토크 파워도 정교한 디자인과 엔지니어링의 산물입니다. 어떤 경우에 어떤 말을 어떻게 해야 한다는 단순한 지식보다는 토크를 설계하고 설계도에 따라 토크를 실행하는 능력을 갖추는 것이 더 중요합니다. 따라서 여기에 소개된 방법들은 단순히 집을 짓거나 실내장식을 하는 차원이 아니라, 토목공사를 하는 차원의 문제에 초점을 맞추고 있습니다.

토크의 달인이 되는가 못 되는가의 열쇠는 그렇게 되고 싶은 마음이 있는가 없는가에 달려 있습니다. 일단, 콜린 파월 같은 성공을 누리고 싶다는 마음과 존 F 케네디 같은 말의 연금술사가 되고 싶은 마음이 있다면, 이 장에서 제시된 방법들을 활용해 보십시오.

먼저 말을 위한 'Want-Have 매트릭스' 부터 작성합니다. 거기서 'Want & Don't Have' 에 기록된 항목 각각에 대하여 토크 파워 프로젝트를 만듭니다. 이 두 과정과 데뷰연습은 마음만 먹으면 '나' 도 할 수 있다는 자신감을 가질 수 있게 할 것입니다.

자신감이 생기면 템플리트, 말의 예산서, 그리고 후회버전이라는 기본기를 익혀야 합니다. 특히 말의 예산서를 작성하는 습관은 토크 파워뿐만 아니라, 자기리더십을 기르는 데에도 크게 도움이 될 것입니다. 발상의 전환을 연습하는 것과 하루에 한 번씩 국어사전을 펼치는 습관은, 운동선수에게 있어서 기초체력 훈련과 같은 의미가 있습니다.

'Alice Loves Smart Alfred(앨리스양은 스마트한 알프레드군을 사랑해)'로 요약되는 애크로님과 어크로스틱은, 토크를 기름지게 하고 기본기에서 한 단계 더 발전한 고난도의 테크닉을 사용할 수 있게 하는 무기입니다.

메시지 또는 콘텐츠의 스토리화, 스토리의 축적, 스토리의 영상화 그리고 연습은, 말에 설득력이 있다는 수준을 뛰어넘어 감동과 비전을 창조하는 토크로 발전해 나가는 지렛대가 될 것입니다.

연습버전보다
후회버전이다

미국의 26대 대통령 시어도어 루스벨트(Theodore Roosevelt)는 소문난 달변가였습니다. 그의 말은 언제나 막힘이 없고 설득력이 넘쳐, 듣는 이들에게 많은 영향력을 미쳤습니다. 뿐만 아니라 다른 어떤 대통령보다 많은 책을 저술(일생 동안 무려 38권의 책을 저술)하여 말은 물론, 글로써도 큰 영향력을 미친 사람입니다.

···▶ 시어도어 루스벨트

'말은 부드럽게, 행동은 강력하게 하라. 그러면 당신은 훨씬 더 멀리 나아갈 수 있을 것이다' 라는 생각을 가진 그는, 큰 목소리가 아닌 논리적인 말솜씨로 대중을 이끌어갔습니다.

그런데 그의 이런 말솜씨는 타고난 것이 아니라, 소위 '루스벨트식'으로 불리는 그만의 독특한 준비방법에 의해 길러진 것입니다. 그렇다면 큰 목소리가 아닌 논리로써 미국을 이끈 루스벨트식 토크법을 한번 배워볼까요.

루스벨트는 중요한 연설이나 강연이 약속되면 일단 관련된 모든 사실을 조사합니다. 그리고 수집된 사실들을 재검토하고 평가하여, 어떤 소재를 이용해 어떤 주장을 어떤 순서로 펴나가야겠다는 나름대로의 결론을 도출합니다.

그리고 난 후에 그는 말해야 할 내용들을 모두 원고로 작성합니다. 원고가 작성되었다고 해서 모든 작업이 끝난 것은 아닙니다. 계속해서 사람들 앞에서 연습하며 그들의 의견을 들어보기도 하고, 자신이 말한 것을 자신이 직접 받아 적는 가운데 다시 고치고 삭제하고 삽입하면서 비로소 원고를 완성시킵니다.

그런데 여기서 중요한 것은, 그가 실제로 강연이나 이야기를 할 때는 지금까지 애써 다듬어온 원고를 보고 이야기하지 않는다는 것입니다. 그동안 다듬은 원고는 단지 신문사 기자들에게 보내기 위한 원고일 뿐이라는 것이지요.[29]

그렇다면 강의를 할 때 그 원고를 모조리 다 외워서 이야기를 하느냐? 물론 그것도 아닙니다. 그는 몇 번의 교정을 거쳐 원고를 완성하는 과정을 통해 거기에 사용된 자료에 대해 익숙해지고 요점을 짚어나가는 순서에 통달하게 됩니다. 때문에 원고대로 하지 않아도 그 자리에 어울리는 자연스러운 이야기와 매끄러운 표현, 그리고 확신에 넘치는 주의 주장을 할 수 있을 뿐만 아니라, 한 마디 한 마디 모두 고도로 정제된 말을 할 수 있게 되는 것입니다.

이렇게 연습용 버전과 실제 토크버전, 그리고 신문이나 잡지에 나가는 원고용 버전을 따로 만드는 것이 바로 '루스벨트식 토크'의 핵심입니다.

한편, 토크 파워의 세계적 권위자인 데일 카네기(Dale Carnegie)는,

진정으로 훌륭한 토크를 하자면 하나의 토크에 적어도 네 개 정도의 버전이 있어야 한다고 했습니다. 그것은 루스벨트식 토크방법에 '후회버전' 이라는 것을 하나 더 추가한 것입니다.

'후회버전.' 참 생소한 말이지요? 말을 하고 후회하라는 말인가? 맞습니다. 이것은 바로 토크를 마치고 집에 돌아가면서 그 부분은 이렇게, 그 얘기는 저렇게 했어야 했는데 하고 후회하며 반성하고 그것을 원고에 반영해 놓으라는 말입니다.

연습용 버전, 실제 토크버전, 그리고 원고용 버전도 중요하지만 후회버전이야말로 토크를 위해서 가장 필요한 것입니다. 왜냐하면 후회버전은 미래의 토크를 준비하기 위한 매우 훌륭한 도구이기 때문입니다.[30]

필자(강헌구)는 지난 2000년 12월 19일 MBC TV의 'TV 특강'에 출연해 '우리에겐 비전이 필요하다'라는 제목으로 강의를 한 적이 있습니다. 그 강의는 큰 무리 없이 잘 진행되었습니다. 그런데 이상하게도 기대한 것만큼의 반향을 불러일으키지 못했습니다. 처음에는 너무 큰 욕심을 가지고 많은 것을 기대해서 상대적으로 그렇게 느끼는 것이라고 스스로를 위안했습니다. 그런데 나중에 녹화 테이프를 보고 나서 왜 기대만큼의 반향이 없었는지를 알게 되었습니다. TV 특강을 위해 많은 연습과 준비를 했지만, 다시 보니 여러 가지 부족한 점이 눈에 띄었던 것입니다.

그래서 필자는 가까운 사람들과 함께 그 녹화 테이프를 30회 정도 반복해 보면서 부족했던 점이 무엇인지 낱낱이 기록했습니다. 말의 속도, 음색, 부적절한 단어, 내용의 연결성, 움직임, 얼굴표정, 미소 등 모든 것을 재검토했습니다. 그리고 지적된 내용을 반영하여 연습원고를 다시 작성했습니다. 물론, 당시 아무런 TV 강의 약속도 없는 상태였지만 말입니다.

언제가 될지 모르지만 언젠가 다시 TV 강의를 하게 되면 반드시 전에 했던 버전에 대한 후회버전 그대로 하리라 다짐하며, 그 후회버전을 계속해서 다듬었습니다. 주변에서는 기약도 없는 일에 왜 그렇게 정성을 들이는지 의아해 했지만, 저는 아랑곳하지 않고 만족스런 상태에 도달할 때까지 계속 원고를 수정해가며 후회버전을 만들어 갔습니다.

그런데 약 2개월이 지나자 이번에는 SBS 방송국에서 '비전'에 관한 특강을 하자는 제의를 해왔습니다. 마침내 후회버전이 새로운 연습버전으로 바뀔 기회가 온 것이지요. 지난번에는 녹화방송이었지만, 이번에는 생방송이었습니다. 그래서 더욱 철저한 연습을 해나갔습니다.

결과는 역시 기대 이상이었습니다. 수많은 시청자들이 전화와 이메일로 공감을 표시하고 격려를 해주었습니다. 필자의 저서《아들아, 머뭇거리기에는 인생이 너무 짧다》1권도 주요 서점에서 판매 순위가 껑충 뛰어 오른 것은 물론이었습니다. 이는 후회버전이 반드시 새로운 연습버전으로 쓰일 날이 온다는 것, 그리고 후회버전이 얼마나 유익한 것인지를 알게 해준 소중한 경험이었습니다.

우리는 일생을 살며 수많은 말을 하게 됩니다. 그 말은 단순히 친구와 가족과의 대화일 수도 있고, 입사나 입학을 위한 면접과 프레젠테이션, 혹은 토의나 토론시 자기 주장을 피력하기 위한 말일 수도 있습니다. 이러한 말을 하기 전의 연습과 준비도 중요하지만, 후에 자신이 한 말에 대해 다시 한번 숙고해 보는 습관도 매우 중요합니다. 자신이 내뱉은 말을 되돌아보고, 잘못된 점을 스스로 알아갈 때 비로소 한 단계 발전한 말을 구사할 수 있게 될 테니까요.

당신의 생각은?

1. 연습을 위한 원고, 신문사에 주는 원고, 그리고 실제로 말하는 원고가 각각 따로 있다는 것은 그만큼 한 번의 토크에 혼신의 힘을 다 쏟는다는 의미로 보아야 한다. (O, X)

2. 토크를 위해 원고를 사전에 미리 준비하는 것은, 원고에 매달린 말을 하게끔 해서 자연스러운 흐름을 방해하는 요소가 될 수 있다. (O, X)

3. 후회버전이란 전문적인 직업 강사나 방송인 등에게나 해당되는 것이지, 평범한 사람의 언어생활에까지 적용하기에는 무리가 있다. (O, X)

4. 모든 일에는 반드시 사후 평가와 반성이 따르는 법이므로 중요한 발표나 토크를 했으면, 그 날 안에 후회버전을 작성해 두는 습관이 누구에게나 필요하다. (O, X)

5. 나는 앞으로 무언가 중요한 발표나 스피치를 할 기회가 생기면, 반드시 소형 녹음기를 주머니에 넣고 가서 나의 말을 녹음해 두었다가 후회버전을 작성할 때 활용할 생각이다. (O, X)

6. 지금까지 내가 했던 스피치 중에서 가장 후회되는 것은 _____에서 했던 _____에 관한 이야기와 _____에서 했던 _____에 관한 이야기다. 나는 그 후회버전들을 _____월 _____일까지는 반드시 작성해 둘 것이다.

큰 소리로 읽어봅시다

이야기할 것을 종이에다 배열해 놓고 그것이 어떻게 보이는지 살펴라. 거기 있는 토막들을 친구들 앞에서 말해 보고 그것들이 어떻게 받아들여지는지 살펴라. 링컨의 게티스버그 연설도 사실 그가 크고 작은 여러 모임에서 여러 차례 말해오던 것이었다. 링컨은 자신이 그간 해온 수많은 말들 중 가장 잘 먹혀들었던 것을 게티스버그에서 꺼낸 것뿐이다.

– 브라이언 트래시

말에 관한 Want-Have
매트릭스를 *작성하라*

    무엇이든 원하는 것을 손에 넣으려면 우선 목표를 설정하고, 그것을 종이에 또박또박 적어야 합니다. 명확한 목표는 명확한 결과를 가져오지만 애매한 목표는 애매한 결과를 가져오는 것이 아니라, 아예 아무런 결과도 낳지 못합니다. 이는 토크 파워, 프레젠테이션 능력의 강화를 위해서도 마찬가지입니다.

    목표를 설정하자면 우선 자신이 도달하고 싶은 곳이 어디인지, 그리고 현재의 위치가 어디인지를 정확히 알아야 합니다. 또한, 현재 가지고 있는 것 중에 쓰레기와 자원을 구분하는 재고조사도 필요하겠지요.

    그런 작업에 안성맞춤인 도구가 바로 'Want-Have 매트릭스' 입니다. 이것은 《아들아, 머뭇거리기에는 인생이 너무 짧다》 1권에서도 비전을 세우기 위한 방법으로 제시한 바 있지만, 프레젠테이션 능력강화를 위한 목표를 정할 때도 유용하게 쓰일 수 있습니다. 그럼, 다음 설명에 따라 실제로 Want-Have 매트릭스를 만들어 봅시다.

(1) 당신이 원하는 것 중 이미 가지고 있는 것(Want & Have)을 적어 봅시다.

    예) – 말이 힘이며 운명이라는 정확한 인식

        – 정상적인 시청각 능력

        – 남의 말을 끝까지 잘 듣는 성품

        – 모방하고 따를 만한 모델

(2) 당신이 원하지만, 아직 가지지 못한 것(Want & Don't Have)을 적어 봅시다.

    예) – 맑고 힘있는 목소리

        – 언제까지라도 말을 쏟아낼 수 있는 사명감과 적극성

        – 풍부한 어휘

        – 자료를 논리적으로 구성하는 능력

        – 제대로 된 사전과 참고서

(3) 당신이 원하지 않는데도 현재 가지고 있는 것(Don't Want & Have)을 적어 봅시다.

    예) – 무대기피증

        – 손이나 다리를 쓸데없이 움직이는 버릇

        – 처음 보는 사람이나 손윗사람에게 말붙이기 싫어하는 성격

        – 이성 앞에서 조급해지는 경향

(4) 당신이 원하지도 않고, 가지고 있지도 않는 것(Don't Want & Don't Have)을 적어 봅시다.

예) ─ 말더듬
  ─ 사투리
  ─ 청각장애
  ─ 수다

위에서 지시하는 대로 모두 적었으면, 이제 여러 항목들 가운데서 (1)원하는데 이미 가지고 있는 것과 (4)원하지도 않고 가지고 있지도 않은 것은 일단 잊어버립시다. 여기서 더욱 관심을 집중해야 할 것은, (2)원하는데 갖지 못한 것이기 때문입니다. 그리고 (3)원치 않는데 가지고 있는 것은, (2)보다는 덜 염두에 두십시오. 왜냐하면 (3)은 부정적인 것이기 때문에, 거기에 집중하다 보면 자기도 모르게 부정적인 생각과 느낌이 생겨서 오히려 추진력이 약해집니다. 우선은 (2)에 집중하여 (2)를 이루기 위해 노력하고, 그 다음 (3)을 다음과 같이 (2)의 '원하는 것' 으로 전환시킵니다.

· 원하지 않는데 가지고 있는 것		· 원하는데 아직 가지지 못한 것
무대기피증	┅➤	자신감
손, 다리의 버릇	┅➤	독특한 보디랭귀지
말 붙이기 싫어하는 성격	┅➤	적극성
이성 앞에서 조급해지는 성격	┅➤	이성도 평상심으로 대하는 성격

이렇게 전환시킨 다음 이 항목들을 (2)에 포함시켜 새로운 목표로 만든 후 우선순위를 정하여 이루어 가면 됩니다. 말에 관한 Want-Have 매트릭스를 작성해 보는 것은 토크 파워를 강화시키는 첫 단계입니

다. 앞서도 말했듯이 정확한 목표를 가지면, 반드시 원하는 결과물을
얻게 될 것입니다.

당신의 생각은?

1. 토크 파워를 위한 당신의 Want-Have 매트릭스를 작성해 보십시오.

원하며 이미 가지고 있는 것	원하는데 아직 가지지 못한 것
·	·
·	·
·	·
원하지 않는데 가지고 있는 것	원하지도 가지지도 않은 것
·	·
·	·
·	·

2. 이번에는 '원하지 않는데 가지고 있는 것' 의 칸에 적혀 있는 항목들을
   '원하는데 아직 가지지 못한 것' 의 항목으로 전환시켜 보십시오

· 원하지 않는데 가지고 있는 것   · 원하는데 아직 가지지 못한 것

(1) _____ ···▶ _____

(2) _____ ···▶ _____

(3) _____ ···▶ _____

(4) _____ ···▶ _____

큰 소리로 읽어봅시다

자기가 원하는 것이 무엇인지 아는 사람은 확고한 결단을 신속하게 내리고, 대개 그 원하는 것을 손에 넣는다. 지도자가 되는 사람들은 삶의 한 걸음 한 걸음을 재빠르게 그리고 확실하게 내딛는다. 세상은 그가 하는 말과 행동을 보고 그가 어디로 가고 있는지를 아는가 모르는가를 판단한다. 그리고 그것을 아는 사람에게만 기회를 베푼다.

－ 나폴레온 힐

템플리트를 활용하라

    말은 물과 같아서 병이나 그릇이 없으면 가지고 다닐 수가 없습니다. 나의 머릿속에 있는 말을 다른 사람들의 귀로 운반하기 위해서는, 먼저 말을 담을 수 있는 그릇이 있어야 합니다. 이때 말을 담는 그릇이 바로 '템플리트(Template)' 입니다.

    말을 담는 그릇이라고 하니 잘 이해가 안 된다고요? 말은 그냥 입에서 나오는 것인데 무슨 그릇에 담을 필요가 있냐고요? 그럼 좀더 쉽게 설명을 해드리지요.

    밀가루 반죽만으로는 붕어 모양의 빵을 만들 수 없습니다. 붕어 모양의 틀이 있어야 하죠. 말도 마찬가집니다. 우리들의 머릿속에 있는 콘텐츠는 밀가루 반죽과 같은 것입니다. 아무 형태도 없는 반죽, 그냥은 먹을 수도 없는 반죽이 틀 속에서 열을 받아 먹음직스러운 붕어 모양을 갖추고, 또 그 모양 그대로 유지되어 언제라도 먹을 수 있는 상태로 변하듯이, 말도 템플리트라는 틀을 통해 비로소 보기 좋은 모양으로 살아납니다.

그럼 이번에는 좀더 자세히 이론적으로 설명해 보겠습니다.

템플리트는 산만한 정보들을 하나의 이야기로 오밀조밀 재미있게, 또 조직적으로 정리할 수 있게 하는 도구입니다. 좀처럼 다 기억하기 어려운 내용들을 보다 손쉽게 기억할 수 있도록 도와주는 생각의 안내자와 같은 것이지요.

다음 이야기에서 굵은 글씨로 된 부분이 바로 템플리트입니다. 템플리트가 되는 구절들은 한 대목에서 다음 대목으로 넘어가는 첫마디들로서, 이야기의 논리성과 흥미를 유지하는 역할을 하고 있습니다.

오늘 저는 한국주식회사의 다운사이징**에 대해 말씀드리겠습니다.** 제 생각으로는 다운사이징이라는 것은 어디까지나 부작용을 …… **우선 제가 조직의 다운사이징에 관심을 갖게** 된 것은 6년 전입니다. **당시 저는** 연간 10억원의 경비를 절감하고자 하는 한 연구개발팀을 컨설팅하고 있었습니다. 그 팀은 신제품 도입이 지나치게 축축 늘어진다는 지적을 받고 그런 과제를 부여받았습니다. 저는 처음부터 그들이 결국 경비의 가장 큰 부분은 인건비이기 때문에 사람 수를 줄이는 데 초점을 모을 것이라는 점을 잘 알고 있었습니다. **예를 들면,** 책임연구원이라면 연봉이 8,000만원이 넘고 선임연구원은 6,000만원이나 되었기 때문입니다. 그래서 저는 전체 100명 중에서 15명의 인원을 감축하되, 어떤 자리를 없애는 것이 가장 합리적일까 하는 문제를 놓고 그들과 함께 고민했습니다. 물론 인건비 이외의 항목에서 추가적인 경비절약 방안도 모색했습니다. 그 결과, 경비절약 방안은 원안대로 통과되어 신속하게 실행에 들어갔습니다. 그러나, 경비절감 목표는 달성되었지만 연구개발팀에게는 그보다 몇 배의 손실이 발생했습니다. 조직의 혼란과 후유증 때문이었습니다. 요즈음 저는 조직의 활력을 유지하자면 다운사이징이라는 것은 좀더 신중히 기획되고 실행되어야 한다는 것을 절실히 느끼고 있습니다.

그래서 오늘 제가 말씀드리고자 하는 다섯 가지 핵심은

첫째, 조직에 있어서 다운사이징의 철학

둘째, 구체적 선정과정, 즉 어떻게 접근할 것인가?

셋째, 해고자에 대한 지원대책

넷째, 잔류인원의 감정처리 문제

그리고 마지막 다섯째, 이는 가장 중요한 문제인데, 바로 조직의 재건입니다.

다운사이징을 논의함에 있어 가장 중요한 것은, 다운사이징이나 해고의 충격이 실제로 나타나는 시점은 해고자들이 조직체를 떠날 때가 아니라 …… **예를 들어,** 경영층이 해고의 필요성을 충분히 납득시키지 못한 채 그냥 밀고 나가면, 잔류자들이 그 비극의 효과를 엄청나게 부풀려 버린다는 것입니다. **많은 연구결과에 따르면** …… 여기서 우리는 다운사이징으로 떠나는 사람들을 무마하는 것보다 남는 사람들의 마음의 상처를 치유하는 것이 더 중요한 과제**라는 신념을 가지게 됩니다.**

템플리트를 이용하여 토크를 준비하는 방법은 먼저 뼈대를 만들어 놓고 거기에 살을 붙여 나가는 것입니다. 다음은 시민운동에 대한 소견을 말하기 위한 템플리트와 또 그것을 이용하여 만든 토크의 원고입니다. 이를 바탕으로 템플리트를 이용해 토크를 준비하는 방법을 배워 봅시다.

저는 …… 할 기회가 있었습니다.

그 당시에는 ……

특별히 재미있었던 것은 ……

예를 들면 ……

뿐만 아니라 ……

……를 하고자 하시는 분들을 위해 제가 드릴 수 있는 말씀은 ……

이와 같은 경험을 통해 제가 배운 것은 ……

전에는 ……

그리고 ……

저는 10년 전부터 시민단체 활동에 참여할 **기회가 있었습니다.**

그 당시에는 NGO라는 말이 아직 알려지지 않았고, 그런 단체에 참여한다는 것은 곧 반정부·반체제 운동을 한다는 것과 같은 의미로 받아들여지고 있었습니다.

특별히 재미있었던 것은 당시 운동권에서는 분배정의 실현을 위한 사회개혁운동을 실정법 테두리 안에서만 한다고 하니, 그렇게 해서 세상을 달라지게 할 수 있겠느냐며 아예 정신병자로 취급하기도 했습니다.

예를 들면 정부당국에서조차 그렇게 실정법의 테두리 내에서 하는 운동은 아무 신경도 안 쓸 테니 맘대로 해보라는 식이었습니다.

뿐만 아니라 신문이나 TV 및 일반 시민들도 전혀 관심을 가져주지 않았습니다. 그런 데 갈 시간이 있으면 차라리 여가나 즐기는 게 낫다고 하는 식이었습니다.

시민운동에 대한 **참여를 하고자 하시는 분들을 위해 제가 드릴 수**

있는 말씀은 누가 어떻게 말하고 생각하든지 흔들리지 않는 신념대로 밀고 나가면, 그리고 그것이 우리 사회에 보탬이 되는 일이라면 반드시 큰 반향을 일으키고 내적인 보람을 느끼는 날이 온다는 것입니다.

이와 같은 경험을 통해 제가 배운 것은 도산 안창호 선생의 말처럼 '옳은 일에는 반드시 따르는 사람이 있고, 정의는 반드시 이루는 날이 있다'고 하는 교훈입니다.

전에는 오직 '나'만 생각할 줄 알았지만, 이제는 '우리'도 생각할 수 있게 되었습니다.

그리고 사람들과 힘을 합쳐 자신의 신념을 사회적으로 관철시켜 나간다는 것이 얼마나 커다란 기쁨을 주는지, 그 큰 보람이 무엇인지를 알게 되었습니다.

당신의 생각은?

1. 다음의 템플리트를 이용해 결혼을 축하하는 짧은 토크를 만들어 보십시오.

_____와 _____이 한 쌍을 이루다니 너무 보기 좋고 잘 어울리는군요. _____와 _____ 두 사람이 이렇게 영혼의 반려자를 제대로 만나서 영원한 사랑과 헌신을 다짐하는 모습이 우리 모두를 너무나 황홀하게 하는 것 같습니다. 저는 _____와 _____이 처음 만났던 때를 기억합니다. 그것은 _____에서였습니다. 그 당시 _____
자, 이들의 멋진 출발을 위해, 이들의 건강과 행복과 번영을 위해, 우리 모두 잔을 높이 들어 축배를 듭시다. 건배!

2. 다음의 템플리트를 이용해 졸업을 축하하는 토크를 만들어 봅시다.

_____씨, 축하드립니다. 드디어 졸업을 하시게 됐군요. 저는 그동안 _____씨가 보여준 _____이 너무나 자랑스럽습니다. _____ 하던 때가 바로 엊그제 같은데 여기서 이렇게 축배를 들게 되다니 감개가 무량합니다. 우리 모두가 높이 치켜든 이 축배의 잔은 _____ 사실이 우리 모두에게 얼마나 커다란 자부심인지에 대한 표시입니다. _____씨의 앞날에 _____를 기원하며 건배!

큰 소리로 읽어봅시다

어느 날 랍비가 자기 하인에게 시장에 가 맛있는 것을 골라 사오라고 시켰다. 그랬더니 하인은 혀를 사왔다. 며칠 뒤 랍비는 또 하인에게 오늘은 좀 값이 싼 음식을 사오라고 명했다. 그런데 하인은 또 앞서와 같이 혀를 사왔다. 랍비는 언짢아 그 까닭을 물었다. "며칠 전 맛있는 것을 사오라 했을 때 혀를 사왔고, 오늘은 싼 음식을 사오라 했는데 어째서 또 혀를 사왔느냐?" 그러자 하인은 이렇게 대답하였다. "좋은 것으로 치면 혀만큼 좋은 게 없고, 나쁜 것으로 치면 혀만큼 나쁜 것도 없기 때문입니다."

– 《탈무드》 중에서

SMART 경청법을 연습하라

　말과 관련하여 사람이 일생 동안 사용하는 시간 중에 듣는 시간이 가장 많다는 통계가 있습니다. 듣기에 사용하는 시간은 쓰기의 5배, 읽기의 3배, 말하기의 2배에 해당한다고 합니다. 또, 말을 잘하기 위해서는 먼저 잘 듣는 연습부터 해야 한다고 강조합니다. 그러나 이렇게 강조는 많이 하고 있지만, 실제로 어떻게 들으라는 구체적인 방법은 그 어디에도 제시되어 있지 않고, 가르쳐 주는 곳도 없는 실정입니다.

　그래서 대화를 할 때 우리는 때때로 상대방이 전달하는 메시지를 끝까지 정확하게 듣기보다는, 우선 자신의 생각을 주장하기 위한 말을 준비하는 데 더 많은 신경을 씁니다. 그 결과 상대방이 전달하고자 하는 의사의 앞부분만을 듣고 그것을 토대로 자신의 생각을 주장하거나, 아니면 상대방이 전달하고자 하는 진정한 의사를 정확히 이해하지 못한 채 각자의 주관적 가치관에 입각한 동문서답식 반응을 보일 때가 많습니다. 이런 식이면 우리는 말을 통해 지식을 얻을 수 없을 뿐만 아니라, 인간관계에서의 대화 역시 불가능해지게 됩니다. 따라서 말하기에 앞서 상대방의 말을 제대로 듣는 법을 익혀야 할 것입니다.

여기서는 상대방의 말을 들을 때 염두에 두어야 할 사항들의 두문자(頭文字)를 이용해 만든 'SMART(스마트)' 경청법을 소개하면서 듣는 법에 대해 논하고자 합니다.

S — Subject (주제)

M — Materials (자료)

A — Assertion (주장)

R — Reaction (반응)

T — Trademark (독특한 특색)

첫째, 말을 들을 때 중요한 것은 '주제' 입니다. 따라서 말하는 이가 어떤 주제로 이야기하는지 계속 상기하면서 들어야 합니다. 그래서 그 주제가 자신의 비전과 목표, 그리고 팀워크를 이루는 데 도움이 되는가를 살핍니다. 즉, 이야기 자체에만 빠져들지 말고, 화자의 의도와 목적이 무엇인가를 계속 확인하면서 들어야 한다는 것입니다. 그래야 전체적인 이해가 쉬워집니다.

둘째, 화자가 어떤 '자료' 를 가지고 이야기하는지에 주의를 기울여야 합니다. 화자가 인용하는 자료의 출처와 그 해석방법에 유의하면서, 그 자료가 화자의 주장을 얼마나 설득력 있게 뒷받침해 주는지에 주목하다 보면, 내용의 파악이 쉬워지는 것은 물론이고 기억도 오래가게 됩니다.

셋째, 이야기를 들으면서 화자의 가장 핵심적인 '주장'이 무엇인지를 찾아야 합니다. 그가 주장하는 것이 10가지가 넘으면 그것은 이미 초점이 흐려진 이야기입니다. 한두 가지의 주장에 초점을 맞추고 나머지 자료들이 그 주된 주장을 뒷받침하고 있을 때, 그 이야기는 새겨들을 만한 것입니다. 화자의 주장이 발견되면 그것의 중심 줄거리를 따라가면서 듣되, 중간에 별로 관계없는 말들이 나오면 주장의 중심이 되는 앞의 말들을 되새겨 봅니다. 그렇게 들으면 속독법과 비견할 속청법으로 들을 수 있게 됩니다.

넷째, 자신이 화자의 주장에 어떻게 '반응'할지를 스스로 판단하면서 들어야 합니다. 여기서 주의해야 할 것은 반드시 화자의 주장에 동의할 필요는 없다는 사실입니다. 물론, 화자의 주장에 동의할 수도 있겠지요. 단, 동의한다면 왜 동의하는지, 반대한다면 무슨 이유로 반대하는지를 생각하면서 듣는 자세가 중요합니다.

다섯째, 결론적으로 화자의 말이 다른 유사한 사람들의 말과 다른 '독특한 특색'이 무엇인지를 발견하고, 그 화자와 이야기의 표제, 그리고 그 특징을 연결시켜 기억해야 합니다. 필요한 경우에 그 사람의 주장을 다른 데 가서 이야기하거나, 글을 쓸 때 쉽게 인용할 수 있도록 기록을 남겨두는 것도 바람직합니다.

이 같은 SMART 경청법에 한 가지를 덧붙인다면 '앞지르기'입니다. 즉, 이야기를 들으면서 지금까지 나온 내용으로 미루어 볼 때 다음엔 무슨 이야기가 나올 것인가를 앞질러서 추정해 놓고, 과연 자기가 추정한 대로 내용이 전개되는가 여부를 확인하면서 듣는 것입니다. 앞지르기는 잡념에 빠지지 않고, 상대방의 이야기에 좀더 집중할 수 있게 하며, 비판적 시각을 살려나가는 데 좋은 방법입니다.

우리는 남이 하는 말을 통해, 책이나 그 어떤 곳에서 얻을 수 없는 지식과 지혜를 얻을 수 있습니다. 그런데 그런 귀한 말을 제대로 듣지 않고, 또 자기 것으로 소화시키지 못한다면, 그것은 나 자신에게 얼마나 커다란 손해이겠습니까? 필자가 이렇게 말하면 "그래 남의 말을 제대로 경청해야겠구나!" 하고 생각들 하시겠지요? 그러나 그냥 막연히 남의 말을 경청하는 것과 그것을 제대로 들어 내 것으로 만드는 것은 분명 다릅니다. 아무리 정신차려 잘 들어야 되겠다고 생각해도 어느덧 엉뚱한 생각에 빠져 있는 자신을 발견하게 될 테니까요.

따라서 들으면서 어떤 사항들을 알아보겠다고 하는 구체적인 목표를 세워 놓고 그것들을 하나씩 확인해 나가며 들으십시오. 그러면 집중력이 현저히 강화되고 화자의 아이디어를 완전히 자기의 것으로 소화할 수 있게 됩니다. 이때 SMART 경청법은 듣기의 생산성을 획기적으로 높이는 유익한 방법이 될 것입니다.

당신의 생각은?

1. SMART 경청법은 듣기 능력을 강화하는 좋은 방법이다. 그러나 그냥 편안하게 들어도 충분한데 이렇게까지 복잡하게 들어야 한다니 너무 피곤하게 느껴진다. (O, X)

2. 강의나 강연을 들을 땐 SMART 경청법이 유익하겠으나, 일상적인 대

화에서는 적용하기가 어려울 것이다. (O, X)

3. 다음엔 어떤 말이 나올 것이다 하고 앞지르기를 하여 그것이 과연 맞았
   는지 스스로 확인하면서 듣는 것도 듣기훈련의 좋은 방법이다. (O, X)

4. 나는 _____부터 _____TV에서 하는 _____프로그램의
   강좌를 들으며 SMART 경청법을 실습해 볼 생각이다.

큰 소리로 읽어봅시다

　　나이 예순을 가리키는 이순(耳順)이라는 말은, 귀가 순해져 남의 이야
기를 제대로 들을 수 있다는 뜻이다. 인생 육십이 돼서야 겨우 귀가 순해
져 다른 사람의 말을 잘 들을 수 있다는 이 말은, 다른 사람의 말을 잘 듣
는다는 것이 쉽지 않고, 그것을 깨닫는다는 것이 얼마나 어려운 일인가
하는 걸 말해 준다. 공자와 바보가 다른 점이 있다면, 그것은 바로 듣는
것의 차이일 뿐이다. 바보는 공자님 말씀도 그냥 흘리는 반면에 공자는
하찮은 바보의 말을 듣고서도 배운다.

– 김용인의 성공전략 칼럼 중에서

ALFRED 화법을 익히자

SMART 경청법을 통해 제대로 들을 줄 알게 되었다면, 이제 화법을 익혀야 합니다. 우리는 여기서 최적의 커뮤니케이션을 위한 화법을 제시하고자 합니다. 존 하가이(John Haggai) 박사가 제시한 유효한 커뮤니케이션의 일곱 가지 원칙이 바로 그것입니다.[31]

물론 그동안 말하는 기술, 즉 화법에 대한 다양한 방법론이 제시되어 왔지만, 대부분 어떤 때는 어떤 말을 어떻게 하라는 식에 그쳐서 일반적인 지침으로 삼기가 어려웠습니다. 그런데 하가이 박사가 제시한 일곱 가지 원칙은 언제 어디서나 통용될 수 있는 일반적인 원리를 가장 체계적이고 간략하게, 그리고 이해하기 쉽게 정리해 놓은 것이기 때문에 여기에 소개합니다.

이 방법은 둘 사이의 대화에서도 가능하지만, 면접이나 프레젠테이션에서 가장 효과적으로 이용할 수 있는 것이라고 생각됩니다.

─ 커뮤니케이션의 일곱 가지 원칙

첫째, 단순히 자기의 언어구사 능력만 과시하려 하지 말고 말의 내용이 청중에게 어떤 영향을 줄 것인가에 보다 주목하라.

둘째, 청중의 연령 및 남녀의 구성비율, 장소 및 환경, 논제의 쟁점, 청중의 경청 태도 등에 관심을 가져라.

셋째, 청중의 관심을 지속시킬 수 있도록 간간이 해학적 유머로 그들을 즐겁게 하라.

넷째, 사회통념의 선입견을 깨는 이론을 정연하게 전개하라.

다섯째, 청중이 아는 정보에서 시작하여 그들이 몰랐던 새로운 정보를 제공하라.

여섯째, 자신의 주장을 그 반대의 주장들과 비교해 가면서 그것의 우수성을 강력하게 주장하되, 때때로 자기의 경험을 곁들여라.

일곱째, 청중의 기본욕구, 즉 자기보존욕구 · 물질욕구 · 권위욕구 · 명예욕구 · 사랑욕구 등에 호소하여 동기를 유발하라.

듣기의 요령을 SMART라는 두문자로 요약할 수 있었다면, 하가이 박사가 제시한 이와 같은 말하기의 요령 역시 'ALFRED(알프레드)'라는 두문자로 요약할 수 있습니다. 두문자를 이용해 서양의 흔한 남자 이름처럼 기억하기 쉽게 만든 이 화법은, 다음과 같은 여섯 가지의 커뮤니케이션 원칙을 내포하고 있습니다.

A ─ Audience (청중)

L ─ Location (장소)

F ─ Facts (사실)

R ― Repetition (반복)

E ― Entertainment (유머)

D ― Determination (결심)

이 ALFRED의 내용은 너무나 명료합니다.

첫째, '청중' 의 연령, 사회적 지위, 지식 수준, 성비 등을 고려하여 소재나 스토리 또는 낱말을 취사선택합니다.

둘째, 말하는 '장소' 가 어디냐에 따라 복장, 자세, 소재, 시각자료 등을 알맞게 선택합니다.

셋째, 우선 청중이 잘 아는 '사실' 을 말하여 관심을 끌고, 점차 그들이 모르는 새로운 사실로 나아가면서, 일반적인 이야기에서 전문적인 이야기로 유도해 갑니다.

넷째, 같은 주장을 다른 말로 여러 번 '반복' 함으로써, 듣는 사람의 기억을 되살려 논리적인 연결이 쉬워지도록 이끌어 갑니다.

다섯째, 재치 있는 '유머' 와 농담을 간간이 섞어서 청중의 흥미를 돋웁니다. 단, 유머는 어디까지나 유머 자체를 위한 것이 아니라 자기의 주장을 뒷받침하는 것이어야 합니다.

여섯째, 청중이 깊은 감명을 받고 어떤 '결심' 을 하도록 유도하여, 자리에서 일어서면서 당장에 뭔가를 실행에 옮기고 싶어지도록 해야 합니다.

요즈음은 학교는 물론이고 기업체나 관공서 또는 어떤 조직체에서든 프레젠테이션을 할 기회가 점점 많아지고 있는 추세입니다. 그런데 사람들의 프레젠테이션 형태를 보면 청중의 반응이나 이해도는 살피지 않고, 자기가 하고 싶은 말만 그럴싸하게 하는 모습을 종종 볼 수 있습니다. 이런 프레젠테이션을 듣고 난 청중의 반응은 "말 한번 잘하는군!"으로 끝나고 말 것입니다. 자신이 말하는 바를 청중에게 제대로 이해시키는 것이 바로 프레젠테이션의 기본입니다.

ALFRED 화법은 프레젠테이션의 준비와 실행과정에서 반드시 짚고 넘어가야 할 요소들이 무엇인지를 알려주는 지침이며, 기억하기에도 좋게 되어 있습니다. 이 방법으로 좋은 결과를 얻으시기 바랍니다.

당신의 생각은?

1. 나의 말을 듣고 다른 사람이 무언가 중요한 결심을 한다는 것은 두렵 기도 하지만 보람 있는 일이다. (O, X)

2. 토크를 잘하기 위해서는 듣는 사람이 자주 쓰는 낱말과 듣는 사람이 관심을 가지고 있는 것을 소재로 해서 주장을 펼쳐 나가야 한다. (O, X)

3. 요즈음 많은 스피치에서 오직 웃기기만을 위한 유머가 너무 많아 오히려 식상하다. 유머는 줄거리에서 벗어나지 않으면서 부분적으로 흥미를 유발할 때 사용하는 것이 바람직하다. (O, X)

4. 너무 어려운 표현만을 사용하는 것도 곤란하지만, 그렇다고 너무 쉽게 만 말하면 청중이 무시당했다는 느낌을 받을 수도 있다. 전체 내용 중 약 5% 내지 10%는 깊이 있는 내용으로 구성할 필요가 있다. (O, X)

큰 소리로 읽어봅시다

기회만 있으면 그 사람에게 편지를 써라. 편지에다 "귀하가 비행기에서 우리 도시를 내려다보고 계실 때 제가 차를 가지고 공항에서 기다릴수 있다면 큰 영광이겠습니다"라고 말하여라. 최대한 접근하라. 그 사람의 조수가 되어라. 가방을 들어주어라. 궂은 일을 도맡아라. 그 사람이 가지고 온 책과 테이프를 강연장 입구에서 팔아라. 그 사람의 친구들, 친구의 친구들까지 다 만나보아라. 그래서 그들이 자기 자신을 어떻게 마케팅하고 다니는지를 배워라.

- 마크 빅터 한센

ALICE 기억법을 배우자

극동방송 대표이사인 김장환 목사의 설교에는 놀라운 카리스마가 있습니다. 특히, 그는 설교를 할 때마다 영어와 한국어 사이를 종횡무진하며 성경요절을 줄줄 외워댑니다. 그래서 그 사람의 설교를 듣는 사람마다 그의 영성에 대해 놀라움을 금치 못하며, 그의 입에서 눈을 떼지 못하고 온 신경을 그의 목소리에 집중하게 됩니다.

그가 다닌 신학 대학은 250개의 성경요절을 영어로 외우지 못하면, 아예 입학을 시키지 않는 곳이었습니다. 그는 지금도 그때 외웠던 250개의 요절을 그대로 외우고 있으며, 이를 설교할 때 적절히 인용하고 있습니다. 그래서 그의 설교에 더욱 믿음과 힘이 실리는 것인지도 모릅니다.

토크의 파워를 살리자면 이렇게 요긴한 구절들은 반드시 외워두는 것이 좋습니다. 콜린 파월을 비롯하여 말의 힘을 증명한 토크의 달인들은 중요한 구절이나 콘텐츠를 외우는 일을 마다하지 않았습니다. 여러분도 말을 잘하고 싶다면, 좋은 말 혹은 적재적소에 필요한 콘텐츠를 한번 외워보십시오.

그럼, 콘텐츠를 외울 마음의 준비가 되었다면, 그 외우는 요령을 'ALICE(엘리스)'라는 두문자로 요약해 설명해 주겠습니다. ALICE 역시 화법의 ALFRED(알프레드)처럼 흔한 서양 여성이름 같아 외우기 쉽겠지요? 이 두문자어는 다음과 같은 뜻을 지니고 있습니다.

A — Association(연상)

L — Link(연결)

I — Index(목록)

C — Conversion (변환)

E — Entanglement(걸기)

첫째, '연상법'을 이용하는 것입니다. 사람이 사물을 무심코 보든지, 어떤 사람을 처음 만나서 그의 이름을 갑자기 들었을 때 그것을 기억할 수 있는 시간의 길이는 겨우 몇 초밖에 안 됩니다. 이때 영상적(Ionic) 기억(시각적으로 보아서 아는 정보)은 반향적(Echoic) 기억(청각을 통한 정보)보다 오래 기억됩니다. 보다 오래 기억하려는 기계적 시연을 한 경우에도 20분이 경과하면 40%를 망각하고, 하루가 경과하면 66%를, 이틀이 경과하면 72%를 망각한다는 연구가 있습니다. 이렇게 새로운 뭔가를 기억하고 머리에 담아 둔다는 것은 어려운 일이지요.

예를 들어 우리는 어떤 사람을 처음 만나 인사를 할 때, 대개 자기의 이름을 말하기 바빠 정작 상대방의 이름은 잘 듣지 못합니다. 그리고는 후일 다른 곳에서 그 사람을 만났을 때 이름을 잊어 난처해 하곤 합니다. 그런데 이러한 경우는 사실 우리가 그 사람의 이름을 잊은 것이 아니라, 아예 처음부터 기억의 샘에 저장하지 못한 것일 수도 있습니다.

그렇다면 새로운 정보를 기억의 샘에 재빠르게 저장하는 것이 관건인데, 이때 유용한 방법이 바로 연상법입니다. 이는 새로운 정보를 자신이 이미 알고 있는 것과 연관시켜 쉽게 연상되도록 하는 방법입니다. 만약 처음 만난 사람의 이름이 '은희'라면, 이미 알고 있는 사람가운데 같은 이름의 인물과 연관을 지어보는 것입니다. 유명한 영화배우 최은희를 연상할 수 있고, 혹은 하나님께서 '은혜로 주신 딸'이라고 생각해 볼 수도 있겠지요.

연대도 마찬가지입니다. 조지 워싱턴이 미국 초대 대통령으로 취임한 해는 1789년인데, 같은 해 프랑스에서는 대혁명이 일어났습니다. 1919년은 제1차 세계대전이 종전된 해인 동시에, 한국에서 3.1운동이 일어난 해이기도 합니다. 한라산의 높이는 1,950m인데 그것과 1950년 6.25 전쟁을 연관지어 생각할 수 있습니다. 또한 일본 후지산의 높이는 12,365피트인데 그것은 1년 12개월 365일로 연상하면 됩니다. 이런 식으로 서로 다른 일, 다른 사물을 연관시켜 연상하는 것은 기억에 매우 도움이 되는 방법입니다.

둘째, 사물을 '연결'하여 머리에 그림을 그려보십시오. 옛날 로마의 웅변가들은 자기의 연설을 자기 집의 모습과 연결시켰다고 합니다. 예컨대 한 변론가는 연설의 전 과정을 자기가 집으로 들어가는 과정과 연결시킴으로서 연설의 순서를 기억해내곤 했다고 합니다. 즉, 인사말을 집의 대문과 연결시켰고, 서론은 정원으로, 본론의 첫 부분은 현관으로, 본론의 기본 부분을 응접실로 연결시켰으며, 마지막 결론을 침실과 연결시켜 머릿속에 그림을 그렸다고 합니다. 그렇게 서론, 본론, 결론의 순서를 명확히 하여 말의 순서가 엉키지 않도록 했다는 것입니다.

셋째, '목록'의 원리를 이용하는 것입니다. 아리스토텔레스 때부터 지금까지 지식인들은 기억할 조항들을 도서관의 도서 목록을 만들 듯이 몇 가지의 범주로 나누어 왔습니다. 예컨대 국사를 말하면 고대, 중세, 현대로 분류하여 다시 각 시대마다 정치, 경제, 문화, 종교 등으로 나누고, 한발 더 나아가서 인물들로 세분하는 식입니다. 우리의 머리는 컴퓨터와 같아서 정보가 합리적으로 분류되었을 때에는 필요한 정보를 보다 쉽게 인출할 수 있습니다.

넷째, '변환법'입니다. 우리가 기억하는 데 가장 힘든 것이 바로 수(數)입니다. 특히, 전화번호를 기억하기란 참으로 쉽지 않지요? 그러면 어떻게 해야 할까요? 이 문제에 대해 서구의 기억술을 연구하는 사람들은 수를 일반용어로 변환시켜 기억할 것을 권하고 있습니다. 예를 들어, '245-8945'라는 전화번호를 '이사오니 팔구사오'로 변환하면 외우기 쉽습니다.

미국 기억술의 대가로 알려진 래리 로레인(Larry Lorayne)은 《기억책 The Memory Book》에서 숫자를 알파벳화하는 기억방법을 다음과 같이 제안하고 있습니다.

1 = t, d	2 = n	3 = m	4 = r	5 = e
6 = j, sh, ch	7 = k, c	8 = f, v, ph	9 = p, b	10 = z, s

로레인은 이런 변환법을 긴 수를 기억하는 데도 이용하는데, 예컨

대 9185—2719—5216—3909—2112를 A Beautiful Naked Blond Jumps up and Down으로 전환하여 기억합니다. 앞으로 우리말로도 이런 방법이 고안될 것으로 기대됩니다.

다섯째, 사건들을 얽어매는 '걸기' 기법입니다. 이 방법은 마치 우리가 옷이나 넥타이를 방의 못에 거는 것과 같이, 여러 가지 사항들을 기억하기 쉽도록 마음의 쐐기못에 걸어두는 것입니다. 로레인은 앞서 설명한 10개의 숫자를 알파벳화한 것을 열 개의 정신적 쐐기못으로 만들었는데, 예를 들어 10계명을 외울 때 이를 다음과 같이 이용할 수 있습니다.

1 = **Tie** 'No other god on your **tie**'

2 = **Noah** 'No idol **Noah** worshiped'

3 = **Mother** 'No name calling of **mother**'

4 = **Rye** 'Sabbath worship with **rye**'

5 = **Law** 'Filial piety is a **law**'

6 = **Shoe** 'No murder with **shoes** on'

7 = **Cow** 'No adultry like a **cow**'

8 = **Ivy** 'No stealing over on **ivyed** fence'

9 = **Bee** 'No gossip like a **bee**'

10 = **Toes** 'No covetiousness while standing on your **toes**'

영어문장으로 나와 있어 이해하기 어렵다고요? 그러나 이 방법의 원리만 알면 우리말로도 바꾸어 이용할 수 있으니 그 원리를 한번 배워 봅시다.

먼저 십계명의 첫 번째는 "너는 나 외에는 다른 신들을 네게 있게 말지니라(No other god on your tie)" 입니다. 첫 번째라는 1은 앞서 숫자를 알파벳화하는 변환법에서 T이므로 1을 T로 변환해 놓고, 문장 중에서 T로 시작하는 Tie에다가 첫 번째 계명을 겁니다. 그러면 Tie가 들어가는 'No other god on your tie' 라는 문장을 기억하기 쉬워집니다. 십계명의 두 번째는 우상숭배를 금한다(No idol Noah worshiped)는 것인데, 변환법에서 2는 N이므로 N으로 시작하는 Noah에다가 두 번째 계명을 겁니다. 그리고 Noah가 들어가는 'No idol Noah worshiped' 라는 문장을 기억하는 것입니다. 이렇게 Tie에 걸고 Noah에 걸고 하는 식으로 어떤 내용을 자기만 아는 마음의 쐐기못에다 걸어서 기억을 촉진하는 것이 바로 '걸기 기법' 입니다.

이렇게 연상, 연결, 목록, 변환, 그리고 걸기를 활용하면 많은 내용을 기억하는 데 크게 도움이 됩니다. 원고를 들여다보면서 하는 토크에는 파워가 실리지 않습니다. 필요한 콘텐츠는 암기해서 말해야 감동을 전할 수 있는 경우가 많습니다. ALICE 기억법은 중요한 토크에서 반드시 암기가 필요한 경우 활용해 볼 가치가 있는 방법입니다.

당신의 생각은?

1. ALICE 기억법과 유사한 암기법은 수없이 많지만, 많은 사람들이 그것 자체를 어렵다고 생각하여 외면하는 경향이 있다. 그러나 조금만 관심을 기울이면 매우 유용하다. (O, X)

2. 나는 아래의 내용들은 항상 외우고 다녀야 하는데, 아직도 확실히 외우지 못하고 있다. 그러나 앞으로 10일 이내에 반드시 외울 작정이다.

(1) _____

(2) _____

(3) _____

(4) _____

3. 앞에 제시된 다섯 가지 기억법 중에서 2번에 있는 것들을 암기하기 위해 내가 활용해 보고 싶은 방법들은 다음과 같다.

(1) 연상 (O, X)

(2) 연결 (O, X)

(3) 목록 (O, X)

(4) 변환 (O, X)

(5) 걸기 (O, X)

큰 소리로 읽어봅시다

나는 강연을 준비할 때마다 자료들을 산더미 같이 쌓아 놓고 가위와 풀을 준비한다. 그리고 그 분야에서 가장 첨예한 의견대립을 보이고 있는 20명의 전문가들의 책을 가져다 놓고 참고하면서 가위질과 풀칠에 들어간다. 특히, 첫 번째 한마디와 마지막 한마디를 준비하는 데 각각 네다섯 시간씩을 소비한다.

– 아니타 로드딕(Anita Roddick)

발상의 전환을 연습하자

요즘 사람들이 가장 많이 쓰는 말 가운데 '발상의 전환' 이라는 말이 있습니다. 이것은 흔히 새로운 방법을 찾으라는 의미이기도 하고, 화자의 입장을 버리고 청자의 입장에 서보라는 의미로도 쓰이며, 기본적인 목표나 의도로 되돌아가 다시 생각해 보라는 뜻으로도 쓰입니다. 그러나 이런 말로는 구체적으로 발상의 전환을 어떻게 해야 하는 것인지 확실히 알 수가 없습니다.

'발상을 전환한다!' 이는 간단하게 '생각을 다시 해본다' 라고 설명될 수 있습니다. 그러면 도대체 생각이란 어떻게 하는 것이며, 어떻게 하는 것이 다시 생각하는 것일까요? 손으로 턱을 괴고 가만히 앉아 있거나, 양손으로 머리털을 쥐어뜯는 것이 생각하는 것입니까? 아니면 팔짱을 끼고 먼산을 바라보는 것이 다시 생각하는 것입니까?

모두 아닙니다. 이런 동작들은 오히려 생각을 흩어놓기만 할 뿐 집중시키지도 못하고, 새로운 것을 떠오르게 하지도 못합니다.

다시 생각한다는 것은 어떤 사물의 일부분을 바꾸어 놓고 관찰하는 것입니다. 셔츠 왼쪽 가슴에 붙어 있는 주머니를 오른쪽으로 옮겨 놓고 어떤 변화가 오는지 살펴보는 것이 다시 생각하는 것입니다. 이때 더 편리해진 것은 무엇이고 오히려 불편해진 것은 무엇인지, 어떤 사람들에게는 더 편리해지고 어떤 사람들에게는 불편해질 수도 있는지, 모양새는 어떻고 활동성은 어떻게 되는지 계속해서 살펴보는 것, 그 것이 바로 다시 생각하는 것입니다.

이런 식으로 따져보면 '생각한다'는 것은 결코 추상적인 과정이 아닙니다. 오히려 생각한다는 것만큼 구체적인 것도 없습니다. 따라서 토크를 위한 원고를 놓고도 다음과 같은 발상의 전환을 시도할 수 있습니다. 다음의 아홉 가지 단계를 거쳐 발상의 전환을 해봅시다.

첫 번째, 안과 밖을 뒤집어 본다.
두 번째, 처음과 나중의 순서를 바꿔 본다.
세 번째, 앞과 뒤, 위와 아래, 왼쪽과 오른쪽의 위치를 바꿔 본다.
네 번째, 길게 해본다.
다섯 번째, 짧게 해본다.
여섯 번째, 어떤 부분을 다른 것으로 바꿔 본다.
일곱 번째, 뭔가를 덧붙여 본다.
여덟 번째, 뭔가를 빼본다.
아홉 번째, 분해해 놓고 다시 조립해 본다.

필자(강헌구)는 최근 경기방송(FM99.9) 아침 프로 '뉴스가 있는 아침'을 진행하고 있습니다. 하루는 전담 작가가 경기도의 난개발 문제를 꼬집는 내용의 원고를 작성했습니다. 원고는 경기도의 난개발로 수도권 인구집중도가 점점 높아져 부작용이 심각하다는 내용이었습니다. 작가는 난(亂)을 난(蘭)으로 바꿔(위의 '여섯 번째') 경기도로 몰려드는 사람들을 난 애호가로 묘사하였습니다. "경기도에서 난개발을 한다니까 전국의 난 애호가들이 다 몰려들고 있다"는 식이었지요.

그런데 필자는 방송을 하면서 "하지만 그 분들은 하나만 알았지 둘은 모르고 계신 것 같습니다. 경기도엔 서양란, 동양란만 있는 게 아니고 교통난, 쓰레기난, 교실난도 있다는 걸 모르시는군요"라고 덧붙였습니다. 작가가 바꿔 놓은 난(蘭)을 다시 난(亂)으로 바꿔 거기에 덧붙이기(위의 일곱 번째)까지 시도한 것입니다. 방송이 끝나고 되돌아보기 모임에서 그 말에 대한 이야기가 나왔는데, 모두 재치 있으면서도 풍자적인 표현이었다고 호평을 했습니다.

여기서 말하는 발상의 전환이라는 것은 바로 이런 말의 묘미를 살려서 호소력을 강화하는 수단이 됩니다.

"매일 자정이 넘어야 귀가한다"는 것은 너무 평범하고 식상한 표현입니다. 그런데 이 말을 "그 날 들어와서 그 날 나간다"고 표현하면 어떨까요? 이는 얼핏 듣기엔 평범한 것 같지만, 그 말을 들은 사람은 누구나 약 10초 뒤에 폭소를 터뜨립니다. 나갔다가 들어온다는 상식을 뒤집어서 들어왔다가 나간다고 순서(두 번째)를 바꿔 놓으니, 식상하고 지루한 말이 웃음을 자아낼 뿐만 아니라, 강한 항의의 의미까지 내포한 말로 감칠맛 있게 변한 것입니다.

발상의 전환은 토크 파워는 물론 말의 묘미를 강화하는 아주 유익한 방법입니다.

당신의 생각은?

1. 앞글의 설명과 같다면, 생각이란 변화를 도입해 놓고 살펴보는 동작이라는 의미가 된다. (O, X)

2. 위에 나열된 아홉 가지 말고도 생각하는 방법은 얼마든지 더 있을 수 있다. 예를 들면 _____하는 것이다.

3. 원고를 놓고 누군가와 그 내용에 대해 이야기를 계속하는 것도 새로운 생각을 이끌어내는 방법이다. (O, X)

4. 지금까지 생각난 모든 것을 종이에 적어보는 것이 오히려 새로운 생각을 끌어내는 가장 좋은 방법이다. (O, X)

큰 소리로 읽어봅시다

광고는 그 시대의 사조와 유행을 읽을 수 있는 정보의 원천이다. 새롭고 기발한 방법을 도입하면서도 원래의 취지를 변질시키지 않는 절묘한 해결책을 보여주는 것이 광고이다. 어떤 아이디어를 광고문안처럼 간명하게 표현해 보는 연습이야말로 상상력의 폭을 넓히는 으뜸의 방법일 수 있다. 시적인 상상력과 집요한 자기주장의 결합물이 바로 광고이다. 광고의 카피를 활용하여 자기주장을 시적인 상상력에 얹어서 다른 사람들에게 보여주는 연습을 해보자.

– 《절망하지 말고 다시 선택하라》 중에서

말의 예산서를 작성하라

많은 사람들이 시간이 모자라서 하고 싶은 이야기를 제대로 할 수 없다고 호소합니다. 그러나 이는 사실 시간이 모자라기 때문이 아니라, 그 시간 안에 이야기를 할 수 있도록 준비를 제대로 하지 않았기 때문이 아닐까요?

일반적으로 프레젠테이션을 준비할 때 보면, 주어진 시간이 단 5분, 10분 정도밖에 되지 않아도 서너 시간 이야기할 만큼의 많은 분량의 자료들을 준비합니다. 여러분의 경우를 한번 생각해 보십시오. 학교에서 혹은 직장에서 프레젠테이션을 할 때, 주어진 시간은 생각지도 않고 너무 많은 자료와 이야깃거리를 준비했다가 시간이 모자라 당황한 적은 없었나요? 혹은 시간에 비해 너무 짧게 준비해 곤혹스러웠던 적은 없었는지요?

어디서 무슨 말을 하게 되던지 간에 말을 할 때는 명시적이건 묵시적이건 시간의 제한이 있게 마련입니다. 따라서 이렇게 제한된 시간을 제대로 요리하기 위해선 뭔가 도구가 필요합니다. 이런 때에 유용한 것이 바로 '말의 예산서' 입니다.

큰 기업이건 개인이건 간에 돈을 쓸 때 보면 규모 있게 쓰기 위해서 미리 예산서를 작성합니다. 말의 예산서도 이와 같은 의미로 생각하면 쉽습니다. 정해진 시간 안에 말을 규모 있게 하기 위해서 미리 치밀한 계획을 짜는 것이지요.

그럼, 함께 말의 예산서를 한번 작성해 봅시다. 보통 사람은 1분에 150단어 정도를 말할 수 있습니다. 물론 사람에 따라 말의 속도는 다를 수 있습니다. 따라서 각자 나름대로 자신의 말하는 표준속도를 설정하여 1분 안에 몇 단어 정도를 말할 수 있는지 계산해 보십시오. 그러면 그것을 기초로 말의 예산서를 작성할 수 있습니다.

만약 1분 안에 150단어를 말할 수 있는 사람에게 주어진 시간이 10분이라면, 말하고 싶은 바를 1,500단어 이하로 준비해야 할 것입니다. 이렇게 허용된 시간과 말의 속도를 결합하여 계산이 나왔으면 아래와

		단 어	시간(분)
서 론	1) 소개 문단 2) 주제문 3) 메시지 문장(여백)	225 + 여백	1.5
본 론	4) 배 경 5) 메 뉴 6) 3~5개의 소제목 7) 클라이맥스	975	1 1/2 5 1
결 론	8) 결 론	150	1
합 계		1,350	10

같은 말의 예산서를 작성합니다.[32]

  필자(강현구)의 경험을 통해 말의 예산서에 대한 간단한 예를 들어
보겠습니다. 앞서도 말했지만 필자는 2001년 2월에 SBS TV에서 '아들
들아, 머뭇거리기에는 인생이 너무 짧다' 라는 제목으로 특강을 할 기
회가 있었습니다. 그래서 필자는 위에 제시된 그대로 말의 예산서를
작성했습니다. 3일 동안에 20번 정도는 재작성을 되풀이하며 예산서
대로 원고를 작성했습니다. 연습이 거의 끝날 무렵에는 시계만 보아도
지금 어느 부분을 이야기하고 있어야 한다는 것을 알 수 있게 되었습
니다. 그렇게 최종적인 예산서와 최종적인 원고가 확정되었습니다.

  그러나 '루스벨트식' 토크 준비 부분에서 언급한 것처럼 원고는 그
냥 집에 두고 방송국에는 맨손으로 갔습니다. 강연이 시작되었을 때
는 연단 반대편에 걸린 시계를 보면서 연습한 대로, 분위기 흐르는 대
로 자신감 있게 진행해 나갔습니다. 결과는 성공적이었습니다. 주위
에서는 말솜씨를 타고난 것 같다고 격려해 주었지만, 사실 그것은 '말
의 예산서' 와 '후회버전' 을 만든 덕택이었습니다.

  말을 잘하는 사람은 선천적으로 말에 소질이 있어서가 아닙니다.
다만, 보다 효과적인 준비와 연습이 있었던 것뿐입니다. 치밀한 예산
서를 작성하고 그 예산의 범위 내로 말을 절제하다 보면 결국 군더더
기가 제거되고 전체적인 짜임새가 갖추어집니다. 중요한 토크에는 반
드시 말의 예산서를 작성하십시오.

당신의 생각은?

1. 말의 예산서라는 말을 듣고 보니 말도 돈같이 귀한 것이라는 생각에 함부로 낭비해서는 안 되겠다는 마음이 든다. (O, X)

2. 나는 1분에 _____단어를 말할 수 있다. 그러므로 내가 말의 예산서를 작성한다면 의도적인 멈춤 등 여유를 감안하여 1분에 _____단어 기준으로 작성해야 한다.

3. 15분 동안 나의 비전과 목표에 대해 이야기할 기회가 있다면, 나는 말의 예산서를 다음과 같이 작성할 것이다.

		단 어	시간(분)
서 론	1) 소개 문단 2) 주제문 3) 메시지 문장		
본 론	4) 배 경 5) 메 뉴 6) 3~5개의 소제목 7) 클라이맥스		
결 론	8) 결 론		
합 계			

큰 소리로 읽어봅시다

　많은 사람들이 명강사가 되기를 원한다며 나를 찾아와서는 "강사가 되고 싶습니다"라고 한다. 그럴 때마다 나의 대답은 "네, 그런데 선생은 무엇에 성공을 거두셨습니까?"이다. 그러면 그들은 말없이 돌아선다. 강사가 되기 전에 먼저 성공을 하고 와서 "이것이 내가 배운 바이며, 이렇게 응용했더니 이런 결과가 나오더라"라고 말해야 한다. 그렇지 않으면 어린 애들이나 아주 수준이 낮은 청중들 앞에, 그것도 단 한 번밖에 설 수 없다.

– 브라이언 트래시

토크 파워 개발 프로젝트를
만들어라

토크 파워 개발 프로젝트

사명선언

나는 사람들이 진정으로 인간다운 삶을 살 수 있도록 생태환경을 보존하는 일에 일생을 바치기로 결심했다. 그래서 환경운동가로 성장하여 조직을 개발하고 이념을 전파하는 일을 맡고 싶다. 그리고 많은 사람들에게 동기를 부여하여 그들과 함께 진정한 보람을 느끼며 살기를 원한다. 그런데 이를 실천하기 위해서는 토크 파워 개발이 선행되어야 한다.

비전1

2003년 연말, 한 해를 되돌아보니 그동안 30개의 토스트 템플리트를 갖추고 16번이나 말의 예산서를 작성했다. 그랬더니 사람들이 나를 대하는 태도가 훨씬 정중하면서도 친근해진 것 같다. 작년에 비해서 편지는 두 배, 전화는 세 배가 더 많이 왔다.

비전2

2004년 2월, 크고 작은 모임에서 내가 프레젠테이션을 하기만 하면 우레와 같은 박수가 터져 나온다. 그럴수록 집에 돌아오면 반드시 후회버전을 작성한다. 2004년 12월, 결산을 해보니 한 해 동안 6개 도시 14개 모임에서 25번의 프레젠테이션과 공식 토크를 성공적으로 해냈다. 내년에는 적어도 50번의 특강이나 강연에 초청 받게 될 것이다.

행동목표

- 나는 위에 적은 사명과 비전을 성취하기 위하여 2002년 3월부터 매월 2개씩의 템플리트를 만들어서 활용해 나가야 한다. 그것들을 항상 다이어리에 붙이고 다니면서 혼자 있을 때마다 들여다볼 것이다.
- 하루에 한 개 이상의 신문사설을 읽으며 거기서 가장 미흡한 표현을 한 개씩 골라낼 것이다.
- 각종 매체에서 본 광고 중 가장 인상적인 표현 두 개를 매주 노트에 적어둔다.
- 매주 두 번, 일년에 104번의 TV 강의를 시청한다.
- 어떠한 프레젠테이션이나 토크를 하게 되더라도 반드시 예산서와 후회버전을 작성한다.
- 이 모든 행동목표를 실행할 때는 어디까지나 말만 잘하는 사람이 아니라, 말도 잘하는 사람이 되어야 한다는 것을 반드시 염두에 둘 것이다.
- 마야 앙겔루의 사진을 구해서 책상에 붙여 놓고, 앙겔루라면 어떻게 말할까 하고 자문자답할 것이다.

어퍼메이션(affirmation : 확신)

- 템플리트를 만드는 것은 주식을 사는 것보다 훨씬 수지맞는 투자다.
- 후회버전은 반드시 실제버전으로 쓰일 날이 온다.
- 사설 읽기는 업무도 되고 자기계발도 되니 양수겸장이다.
- 광고는 상상력이라는 보물이 가득 찬 비밀창고다.
- 아들과 함께 TV 강의를 시청하면 아들에겐 무료 과외공부가 된다.

이것은 환경운동에 종사하고 있는 사람의 경우를 가상해서 만들어 본 '토크 파워 개발 프로젝트'입니다. 정보화가 진전될수록 정보를 요약하고 맥을 짚어서 전파하는 능력, 즉 프레젠테이션의 중요성은 더욱 강조될 수밖에 없습니다. 유창하고 설득력 있는 프레젠테이션 또는 파워 넘치는 말로, 사람들을 설득하여 그들을 당신이 원하는 어떤 하나의 방향으로 이끌어 가는 리더십을 발휘하려면, 여기에 제시된 바와 같은 토크 파워 개발 프로젝트를 만들어야 합니다.

그럼 이번 기회에 각자의 토크 파워 개발 프로젝트를 한번 만들어 볼까요? 먼저 이를 만들기 전에 여러분이 눈여겨볼 것이 있습니다. 첫째, 이 프로젝트에는 이를 개발한 동기와 그 효과가 어떤 형태로 나타날 것인가 하는 사명과 비전이 제시되어 있어야 합니다. 즉, 토크 파워 개발 프로젝트는 어디까지나 단순히 말을 잘하기 위한 것이 아니라, 자신의 사명(위의 경우 환경운동의 실효성을 높이기 위한 사명이 제시되어 있음)을 실천하기 위한 하나의 도구가 되는 것입니다. 왜냐하면 말의 힘은 사명감과 비전에서 우러나는 것이지, 기교에서 나오는 것이 아니기 때문입니다.

둘째, 모든 실천과제들은 '몇 개의 템플리트, 몇 번의 예산서 작성, 하루에 몇 개의 이야기 수집, 일주일에 몇 번의 TV 시청' 하는 식으로 구체적인 숫자로 제시해야 합니다. 이 프로젝트에서는 '최선을 다한다, 최대한 많이 한다, 최고가 된다' 는 등의 추상적인 말을 사용해서는 안 됩니다. 왜냐하면 추상적인 말은 생각만 불러일으킬 뿐 행동을 불러오지는 못합니다. 오직, 손에 잡히는 구체적인 숫자가 있는 내용만이 행동을 유발합니다.

셋째, 무언가를 하겠다는 긍정적인 말만을 사용하고 가급적 부정적인 말은 삼가야 합니다. 그 이유는 부정의 말보다는 긍정의 말이 행동을 더 잘 일으키기 때문입니다.

이와 같은 점에 주의해 가며 프로젝트를 직접 작성하다 보면, 자신도 모르는 사이에 할 수 있다는 자신감이 생길 것입니다. 뿐만 아니라 그것을 작성하는 동안에 거기에 묘사된 자신의 미래 모습이 신체에 기묘한 생화학 반응을 일으켜 모든 언어나 행동거지를 의식, 무의식적으로 목표한 방향으로 향하게 하여 결국엔 목표한 모습 그대로의 사람이 될 것입니다.

이제 이 프로젝트의 필요성과 작성방법을 아시겠지요? 그럼 지금 당장 자신의 사명과 비전을 생각하며 토크 파워 개발 프로젝트를 만들어 봅시다.

당신의 생각은?

1. 내가 이와 같은 프로젝트를 만들어 나아가야 할 도메인(domain : 영역) 들은 다음과 같다. (O, X)

   속독법 (　) 　　　　　 체력강화 (　)

   파워포인트 만들기 (　) 　 전문지식 (　)

   토크 파워 (　) 　　　　　 영성강화 (　)

   재테크 (　) 　　　　　　 대인관계 (　)

2. 내가 반드시 개발해야 하는 템플리트들은 다음과 같다. (O, X)

   회갑잔치 (　) 　　　 입 학 (　) 　　　 불합격 (　)

   장례식 (　) 　　　　 졸 업 (　) 　　　 개 업 (　)

   결혼식 (　) 　　　　 군입대 (　) 　　　 입 사 (　)

   승진, 영전 (　) 　　 군제대 (　) 　　　 퇴 사 (　)

   입원, 수술 (　) 　　 합 격 (　) 　　　 귀 국 (　)

3. 나의 토크 파워 개발 프로젝트를 요약하면 다음과 같다.

   사 명 선 언 :

   비 　　　 전 :

   행 동 목 표 :

   어퍼메이션 :

큰 소리로 읽어봅시다

세일즈나 관리법에 관한 하루 짜리 세미나를 준비하기 위해선, 그 분야에 관한 책과 신문기사 또는 테이프들을 조사하는 데 300시간이 걸린다. 나는 3분 내지 5분간의 인스피레이션(inspiration : 영감)을 내 머릿속에 넣을 수 있다면, 한 권의 경영서를 독파하는 데 10시간 내지 12시간을 기꺼이 투자한다.

– 브라이언 트래시

하루에 한 번씩
국어사전을 *펼쳐라*

여러분은 《톰 소여의 모험》과 《허클베리 핀의 모험》 등을 쓴 미국의 소설가 마크 트웨인(Mark Twain)을 잘 알고 있을 것입니다. 미국의 대표적인 소설가로 손꼽히는 그는, 유머와 날카로운 풍자가 담겨 있는 문체로 자유와 평등이라는 주제를 풀어가며 자신만의 독특한 소설 세계를 창출했다는 평을 듣고 있습니다.

그렇다면 그는 어떻게 해서 자신만의 날카롭고 깊이 있는 언어를 구사하게 되었을까요? 거기에는 다 이유가 있었습니다.

젊은 시절, 마크 트웨인은 승합마차를 타고 네바다와 미주리 주를 두루 돌아다닌 적이 있었습니다. 당시 승합마차에는 승객은 물론 그들의 온갖 짐을 비롯하여 먹을 물과 음식까지 실어야 했기 때문에, 대부분의 여행자들은 어떻게 해서든지 짐을 줄이려고 했습니다. 더욱이 짐이 많을수록 운임이 비싸졌기 때문에 여행시 필요한 최소한의 짐만을 싣곤 했습니다.

···▶ 마크 트웨인

그러나 그런 와중에도 마크 트웨인은 무겁디무거운 웹스터 대사전을 옆구리에 낀 채 여행에 임했습니다. 그리고는 여행중에도 틈만 나면 사전을 펼쳐보며 다양한 어휘를 익혔습니다. 웹스터 대사전 때문에 요금을 더 지불하게 되어도 그는 사전을 들고 산을 넘고 사막을 가로질렀으며, 인디언과 강도떼가 우글거리는 광야를 돌아다녔습니다. 그러다 피치 못할 사정으로 짐을 덜어야 할 경우에는 사전 대신 먹을 것을 내려놓았습니다.

사람들은 여행에서 없어서는 안 될 음식을 버리면서도 사전만은 꼭 둘러메고 다니는 그를 이해할 수 없다는 표정으로 바라보았습니다. 그러나 언어의 마술사가 되길 원했던 그였기에, 그 선택은 불가피한 것이었습니다. 마크 트웨인의 이러한 노력이 있었기에 그가 미국을 대표하는 대문호가 될 수 있었던 것입니다.

영국시인 브라우닝도 사전을 늘 끼고 있던 사람으로 유명합니다. 그는 그 안에서 삶의 즐거움과 교훈을 찾을 수 있다고 말했습니다. 수많은 감동적인 말을 남긴 링컨 역시 사전을 펼치고 앉아서 사방이 캄캄해져서 보이지 않을 때까지 그것을 들여다보곤 했다고 합니다. 비단 그들만이 아닙니다. 유명한 작가나 유명 연설가들은 모두 사전을 가까이 두고 그 안에서 자신만의 탁월한 말솜씨를 다져갔습니다.[33]

이렇게 사전은 우리가 훌륭한 말을 구사할 수 있도록 도와주는 탁월한 도구입니다. 따라서 하루에 한 단어씩 사전에서 찾아보는 것은 말솜씨와 두뇌를 개발하는 데 매우 좋은 방법일 것입니다.

굳이 어려운 말이 아니라도 좋습니다. 이미 알고 있는 말이라도 상관없습니다. 외국어 공부를 할 때도 사전을 찾아가며 그 뜻을 새기고 음미하는 것이 좋겠죠. 그 뜻을 어렴풋이만 알고 있어서 '진짜 의미는 뭘까?' 하고 궁금해 하던 말의 뜻을 사전을 통해 확실히 깨우치는 것도 좋고, 전혀 모르는 말을 사전을 통해 알아 가는 것도 좋습니다.

그리고 사전은 되도록 큰 것, 특히 말의 유래와 어원이 자세히 설명되어 있는 것을 사용해야 합니다. 어떤 말의 어원을 아는 것은 그 말을 완벽하게 아는 것입니다. 어원을 알면 그 말의 뜻을 알 수 있을 뿐만 아니라, 언제 쓰는 것인지도 저절로 알게 됩니다. 그리고 각 상황에 맞게 왜 그 말을 써야 하는지와 왜 다른 말은 안 되는지를 깨닫게 됩니다.[34]

토크 파워를 강화하기 위해서는 정확한 어휘의 구사가 필수적입니다. 그리고 정확한 어휘를 구사하기 위해서는 낱말 하나 하나에 대한 정확한 이해가 선행되어야 합니다. 정확하게 모르면서 비슷하게 어렴풋이 아는 말들을 사용하면, 듣는 사람이 단숨에 저건 모르면서 하는 말이라는 것을 알아챕니다.

하루에 한 번씩 사전을 펼치는 습관은 토크 파워 강화를 위한 필수적인 요건입니다. 하루에 한 번씩만 국어사전을 펼치십시오.

당신의 생각은?

1. 매일 한 개의 낱말을 사전에서 확인한다는 것은 좋은 일이긴 하지만, 학생들이나 교사, 교수, 또는 가르치는 직업에 종사하는 사람들은 할 수 있을지 몰라도 일반 직장인에게는 사실상 불가능한 일이다. (O, X)

2. 한국에서는 수리적인 것들만 너무 강조한 나머지 인문적 상상력의 중요성은 가볍게 취급되는 경향이 있다. (O, X)

3. 요즈음 전자우편이나 전자토론 등에서 맞춤법이나 어휘의 파괴 현상이 매우 극심하다. 그러나 그런 현상도 언어 자체의 변모와 새로운 시대에 대한 적응현상이라고 보아야 한다. (O, X)

4. 나는 _____와 _____에는 반드시 _____사전과 _____사전을 비치해 놓을 것이다.

큰 소리로 읽어봅시다

훌륭한 연설가라면 자기가 사용하는 모든 단어에 대해 같은 뜻으로 쓰이는 말을 100개는 알아야 한다. 그럴 정도로 충분한 조사, 연구를 하지 않으면 청중들은 그 연사가 얄팍하거나 무식하다는 것을 순식간에 알아차리고 만다.

— 브라이언 트레시

메시지를 스토리에 실어라

세 명의 인부가 일하고 있는 건설 현장에 어떤 사람이 다가갔다. 그가 첫 번째 인부에게 물었다. "지금 무슨 일을 하고 계시죠?" 그 일꾼이 대답했다. "내가 지금 뭘 하는 걸로 보이오? 보면 모르오? 벽돌을 쌓고 있잖소!" 무안해진 그 사람은 두 번째 인부에게 물었다. "지금 무슨 일을 하고 계시죠?"

"아니, 이 사람이 날도 더워 죽겠는데 장난을 치나. 보면 몰라? 벽돌을 쌓고 있잖아!" 두 번째 인부도 퉁명스럽게 대답했다.

그런데 세 번째 인부는 다른 사람들과 달라 보였다. 콧노래를 부르며 신나게 벽돌을 쌓고 있는 것이 아닌가! 그는 마지막으로 세 번째 인부에게 다가가 물었다. 그러자, 그 인부가 허리를 곧게 펴고 일어나더니 미소를 지으며 대답했다.

"나는 성당을 짓고 있다오."

이 이야기는 살아가는 데 혹은 일하는 데 있어 '비전'이 얼마나 중요한지를 보여주는 예입니다. 그러나 이 이야기에는 "우리 모두 비전을 가져야 합니다!" 라는 외침도 없고, "비전은 우리 삶에 매우 중요합니다!"라는 주장도 없습니다. 그런데도 이 이야기를 들은 사람들은 '똑같이 벽돌 나르는 일을 해도 비전이 있는 사람에게 그 일은 성스러운 성당을 짓는 일이고, 반대로 비전이 없는 사람에게는 단순히 힘든 일일 뿐이다. 그만큼 비전은 우리 삶에 중요한 것이다!' 라고 느꼈을 것입니다.

이것이 이야기, 즉 스토리가 가진 힘입니다. 단순한 사실을 떠드는 것보다 이렇게 스토리에 말하고자 하는 메시지를 담아 내면 듣는 이는 보다 쉽게 말하는 이의 의도를 파악할 수 있을 뿐만 아니라, 그에 쉽게 동의할 수 있게 됩니다.

우리가 잘 알고 있는 3M 사도 프레젠테이션을 할 때, 이러한 스토리 기법을 사용하는 것으로 유명합니다. 그 기업에서는 새로운 사업계획을 세울 때 계획서를 스토리로 꾸며서 검토하고 공유하는 전통이 있다고 합니다. 주인공, 등장인물, 갈등, 반전이 있는 소설 아닌 소설 같은 사업이야기를 계획서로 사용한다는 것입니다.

실례로 3M 사의 로버트 부룰로(Robert Brullo)라는 사람은 훽스트(Hoechst) 사와 합작으로 형광폴리머 제조공장을 설립하자는 스토리 형태의 사업계획서를 중역회의에 제출했고, 이것이 통과되어 종업원 600명, 연간 매출 3억 달러 규모의 기업을 세웠다고 합니다.

3M 사가 사업계획서를 스토리 형태로 작성하는 이유는, 종래의 요점 나열식 계획서는 콘텐츠가 지나치게 일반화, 추상화되어 실제상황이 영상화(visualize)되지 않기 때문입니다. 그래서 관계자들은 종종

계획서 내용을 아전인수식으로 해석하여 엉뚱한 선택, 엉뚱한 행동을 하기도 했다고 합니다. 그에 비해서 스토리 형태의 계획서는 실제로 일어날 행동을 묘사한 명료하고 생생한 동화상을 제공함으로써 감성적인 공감을 이끌어내고, 동기와 열정을 유발했습니다. 또한, 수치나 요점이 아닌 아이디어의 전달에 역점을 둘 수 있었다고도 합니다.[35]

이렇게 스토리는 사람들이 사실을 정확하게 해석하는 데 아주 효과적일 뿐만 아니라, 메시지의 영향력을 극대화시킵니다. 사실이라는 것은 그것이 어떤 진실한 의미로 다가가지 않는 한 사람들에게 영향을 주지 않습니다.

사실 10대 자녀는 길조심 하라는 부모의 말을 잔소리로 치부해 버립니다. 그러나 이때 부모가 그냥 "길조심 해라"라는 말 대신 자동차 사고로 평생을 휠체어에 의지해서 살아야 하는 15세 소녀의 이야기나, 고교 시절에 짝사랑했던 소년이 교통사고로 죽었다는 이야기를 해주면 반응이 어떨까요?

또한 "담배는 몸에 해로우니 오늘 당장 끊어야 한다"는 말에 콧방귀도 안 뀌는 흡연가에게, 담배를 피우던 사람이 후두암에 걸려 목에 구멍이 났는데도 목구멍에 계속 담배를 끼워넣어 피우고 있는 끔찍한 모습을 이야기해 준다든지, 그 때문에 가족과 헤어지고 파산한 이야기를 해주면 어떤 결과가 나올까요?

새롭고 재미있는 스토리 없이 그냥 어떤 사실만 제시하면 사람들은 그 사실을 나름대로 해석해서 받아들이거나, 의도를 왜곡시켜 버리곤 합니다. 결국, 아무리 입이 닳도록 이야기를 해도 화자의 메시지는 사람들의 가슴 속을 파고들지 못하고, 토크는 파워를 잃게 되는 것이지요.

사람들이 졸지 않고 여러분의 이야기에 귀를 쫑긋 세우고 공감하는 눈빛을 보내오길 원한다면, 전달하고자 하는 메시지를 새롭고 재미있는 스토리로 꾸며내 보십시오. 스토리를 꾸미기가 어려우면 적절한 스토리에 그 메시지를 접목시키는 방법도 있습니다.

이 책의 구성 방식도 여러분이 이해하기 쉽고, 공감하기 쉽도록 스토리에 메시지를 싣는 방법을 사용한 것입니다. 뿐만 아니라 필자는 강연이 있을 때도 이 방법을 사용합니다. 그래서 그런지 필자의 강연 때는 조는 사람을 거의 볼 수 없습니다.

당신의 생각은?

1. 일반적으로 지식이 많은 사람은 전문용어로 사실을 전달하지만, 지식이 없는 사람은 스토리로써 그 부족한 것을 메우는 경향이 있다. (O, X)

2. 토크가 너무 딱딱해서 조는 사람이 있다면 그건 그 사람의 문제일 뿐이다. 따라서 말하는 사람은 스토리를 끌어다 붙이기보다 사실과 논리에만 집중해야 한다. (O, X)

3. 나는 새로운 사실을 접하면 사실 그 자체로 판단하지, 그것을 나의 스토리에 연관시켜 판단하지는 않는다. (O, X)

4. 요점 나열식 계획서는 전투상황의 작전계획에는 적절하겠지만, 일반적인 조직체에서는 스토리 형태의 계획서가 개념이나 비전을 공유하고 열정을 유발하는 데 더 효과적이다. (O, X)

큰 소리로 읽어봅시다

이야기만큼 사람에게 역동적으로 영향을 끼치는 것은 없다. 이야기는 듣는 사람에게 스스로 생각할 수 있는 시간적, 공간적 여유를 준다. 그리고 듣는 사람의 마음속에서 살아 숨쉬고 발전하며 성장한다. 좋은 이야기는 자생력을 가지고 있기 때문에 청중들의 마음속에 살아 숨쉬게 하려고 일부러 애쓸 필요도 없다. 이야기 속에 들어 있는 주인공들, 조연들, 멋진 배경들이 청중들의 마음속에서 저절로 살아 움직이기 때문이다.

— 《대화와 협상의 마이더스, 스토리텔링》 중에서

생활 속의 스토리를 찾아
활용하라

이제 여러분은 메시지를 스토리에 실었을 때 얼마나 큰 힘을 발휘하는지 알게 되었습니다. 그래서 그것을 한번 시도해 보고자 하겠지요. 물론 처음에는 어떤 때 어떤 스토리를 써야 할지 막막해 이내 포기해 버릴지도 모릅니다. 그러나 여러분이 2만 개의 스토리를 가진 잭 캔필드처럼 다양한 스토리를 비축해 둔다면, 그리고 연습을 통해 그 이야기에 익숙해진다면 이는 그리 어렵지 않을 것입니다.

그런데 그 스토리들을 다 어디서 찾느냐고요?

스토리는 언제 어디서나 찾아낼 수 있습니다. 책을 읽다가, 영화를 보다가, 무심코 옆에 있는 사람의 이야기를 듣다가 당신이 활용할 수 있는 스토리를 발견할 수 있습니다. 특히, 요즘에는 인터넷이라는 훌륭한 정보창고가 있으니 이를 이용해도 좋을 것입니다. 이런 스토리들을 자신만의 스토리 수첩에 모아두었다가 활용해 보십시오.

여기서 초보자들이 스토리를 찾아낼 수 있는 7가지 기술을 소개할 테니, 이것 역시 여러분의 것으로 만들어 활용해 보기 바랍니다.

첫째, 이야기의 패턴을 찾아봅시다. 내가 누구인가를 반복적으로 보여줄 수 있는 주제, 내가 올바른 길을 가고 있다는 걸 입증하는 만족감, 내 인생에 있어 가장 빛나던 영광의 순간 등을 찾아, 그런 것들이 서로 어떻게 연결되며 어떤 의미가 있는지 살펴 이야기 패턴을 만들어 봅시다.

둘째, 결과를 찾아봅시다. 과거 여러분이 기울였던 노력의 결과물 중에서 특별히 아주 좋았거나 좋지 않았던 것을 기억해 보십시오. 그리고 현재 일을 하는 방식에 그것들이 어떻게 연관되어 있는지 살펴보십시오. 인간관계를 발전시켜 나가는 방식에 영향을 주었던 결과들도 숙고해 보십시오. 그리고 여러분의 삶과 비슷한 형태를 연상시키는 이솝우화 같은 이야기도 읽어봅시다.

셋째, 교훈이 되는 이야기를 찾아봅시다. 삶에 있어 고통스러웠던 순간을 기억해 내고, 그것을 통해 배웠던 교훈을 하나씩 연결시켜 봅시다. 그리고 여러분이 저질렀던 가장 큰 실수를 회상해 보고, 다른 방식으로 처리했을지도 모를 일들을 되돌아보고 거기서 교훈을 찾아보십시오.

넷째, 유용성 있는 이야기를 찾아봅시다. 나를 조금이라도 변화시켰던 이야기를 기억해 봅시다. 그 과거의 이야기를 바탕으로 새로운 이야기를 만들어 가는 것입니다. 그리고 가족들에게 효과를 봤던 이야기 중에서 직장에서 써먹을 수 있는 이야기는 없을까 하는 것도 한번 고민해 보십시오.

다섯째, 당신의 약점을 찾아보십시오. 당신의 약한 면을 말하는 것도 좋은 방법입니다. 너무 슬퍼 숨조차 못 쉴 만큼 울었던 때, 너무나 부끄러워서 탁자 밑으로 기어 들어가 숨고 싶었던 순간 등을 활용해 봅시다.

여섯째, 미래의 경험을 예상해 봅시다. 현실 속의 인물들을 대상으로 그들이 장차 어떻게 될 것인가에 관해 이야기로 완벽하게 꾸미는 것도 좋은 방법입니다. 현재 당신이 고민하고 있는 근심거리로 인해 잠재적인 부정적 결과들이 벌어질 상황을 이야기로 한번 펼쳐 보십시오. 그리고 그것들이 어떻게 전개될 것이며, 누가 영향을 받게 될 것인가에 관해 생각해 봅시다.

일곱째, 이야기에 대한 기억을 찾아봅시다. 여러분의 기억에 남아 있는 이야기를 찾아서 그 의미를 스스로 발굴합시다. 그것이 영화이든 책이든 그 외의 것이든 상관없습니다. 여러분이 어떤 영화나 책을 좋아하는 건 분명 이유가 있기 때문입니다. 그런 여러분의 관점으로 이야기를 다시 말해 봅시다. 그러면 여러분의 관점으로 이야기를 걸러 새롭게 탄생시킬 수 있으며, 여러분이 이해한 의미를 다른 사람에게도 이해시킬 수 있게 됩니다.[36]

당신의 생각은?

1. 영화나 책에서 스토리를 모으는 것보다 내가 직접 경험한 경험담을 이야기 해주는 것이 더 현실적이고 감동적이기 때문에, 굳이 스토리를 모으기 위해 노력할 필요는 없다. (O, X)

2. 내가 스토리를 모으기 위해 주로 이용하는 매체는 _____, _____, _____인데, 앞으로 더욱 다양한 스토리를 비축하기 위해 _____, _____ 등을 이용할 것이다.

3. 나는 위와 같은 7가지 방법을 이용해 나만의 스토리 수첩을 만들어 볼 것이다. (O, X)

4. 내가 가장 감명 깊게 듣고 나의 삶에 가장 큰 영향을 미쳤던 스토리는, _____가 해주었던 _____이다. 나는 이 스토리를 내 것으로 만들어 다른 사람들에게도 전해 줄 것이다.

큰 소리로 읽어봅시다

'거만한 자는 그 거만함 때문에 실패하고, 겸손한 자는 도리어 강해진다' 는 말을 하고 싶을 때, '떡갈나무와 갈대' 라는 이솝우화를 이용해 보자.

"큰 떡갈나무는 어떤 바람이 불어도 결코 머리를 숙이려 하지 않았다. 그런데 그 밑둥에 나 있는 갈대는 바람이 하자는 대로 머리를 이리저리 숙이는 것이었다. 떡갈나무가 갈대에게 말했다. "왜 너는 나처럼 가만히 있지를 못하니?" 그러자 갈대는 대답했다. "나에겐 당신과 같은 힘이 없습니다." 그러자 떡갈나무는 거만하게 말했다. "그러면 나는 너보다 힘이 세다는 말이군." 그런데 얼마 후 심한 바람이 불어와, 큰 떡갈나무를 땅 위에 쓰러뜨리고 말았다. 그러나 갈대는 여전히 꺾이지 않고 서 있었다."

말의 예산서를 작성하라

스토리를 한 컷의
그림으로 요약하라

작가 마크 트웨인이 젊었을 때 한 모임에서 저녁마다 강의를 하게되었을 때의 일입니다. 그는 자신이 말하고자 하는 내용을 빠뜨리지않기 위해 노트에 각 단락의 앞부분을 차례대로 적어 놓고 강의 때마다 이것을 사용했습니다. 말하고자 하는 내용은 거의 다 암기하고 있었지만, 그 순서를 도저히 외울 수 없었기 때문에 이런 방법을 동원한것이지요. 그의 강의 노트에는 다음과 같이 적혀 있었습니다.

　－ 그 지역의 날씨는…
　－ 그 무렵 일반적인 관습은…
　－ 그러나 캘리포니아에서는 아무도…

그런데 실제로 이 방법을 실행해 보니 문제점이 발견되었습니다. 청중들의 반응을 살피면서 흘끔 흘끔 강의 노트를 보다 보니, 어느 순간 거기 적힌 것들은 아무 의미도 없는 글자에 불과해 보이기 시작했던 것입니다. 이야기의 흐름을 순서대로 연결해 주는 이정표가 아니라, 그저 의미 없는 글자들의 나열… 어쩌다 이것들을 잘못 읽기라도 하면, 이야기의 순서는 뒤죽박죽이 되어 결국 그 날 밤의 강의는 그야말로 엉망진창이 되고 말았습니다. 그 때의 참담한 심정은 이루 말로 표현할 수 없었겠지요. 그래서 그는 뭔가 방법을 바꿔야 한다는 생각으로 여러 가지 묘안을 연구해 보았습니다.

그래서 이야기의 각 단락의 첫 번째 글자를 '여', '그', '지' 식으로 순서대로 나열했습니다. 그리고 다음날 그 글자를 열 손가락의 손톱에 적어 연단에 올라갔습니다. 그러나 그것도 아무 소용이 없었습니다. 처음 몇 문단은 잘 진행되었지만 도중에 어디까지, 어느 손가락에 써 있는 부분까지 했는지를 잊어버렸기 때문입니다. 게다가 이야기가 끝난 부분에 해당하는 손톱의 글자를 지울 수가 없었기 때문에, 순서는 더 헷갈리게 되었고, 다시 이야기는 뒤죽박죽 뒤엉켰습니다. 행여 이야기가 끝날 때마 손톱의 글씨를 지운다고 핥아내기라도 한다면 청중은 이야기 내용보다 손톱에 더 신경을 쓸 테니 그럴 수도 없었던 거지요. 사실, 그가 강의 때 그냥 손톱을 들여다보기만 했는데도, 끝난 후 몇몇이 와서 손이 아프냐고 묻더랍니다.

이것저것 다양한 방법을 동원해도 안 되어, 그가 마지막으로 생각해낸 방법은 그림이었습니다. 각 단락을 그림으로 표현한 뒤 순서를 외우는 방법이었죠. 그는 불과 2분만에 이야기의 흐름에 맞추어 여섯 컷의 그림을 그렸고, 그 후에 그림 순서를 차례대로 머릿속에 집어넣었습니다. 그런데 그것은 열한 개의 길잡이 문구(catch-sentence)보다 더 훌륭한 원고 역할을 했습니다. 실제로 강의를 할 때 그는 각 단락의 이야기가 끝날 때마다 잠시 사이를 두어 머릿속에 저장해 두었던 그림을 하나하나 꺼내 보며 거침없이 강의를 해나갔습니다. 그 강의가 없어진 지 30년이 지난 후에도 마크 트웨인은 눈만 감으면 그 그림이 떠올라 그 강의원고를 다시 쓸 수 있다고 술회합니다.[37]

이 사례에서처럼 토크에 사용할 스토리를 한 컷의 그림으로 요약해서 자신의 머릿속에 담아두는 것은 좋은 방법입니다. 그리고 아예 이 그림을 듣는 사람들에게 보여주면서 이야기하는 것도 매우 효과적인 방법입니다. 필자도 강의를 할 때 이 방법을 자주 사용하곤 합니다.

필자는 그동안 축적한 약 500개의 스토리를 화가에게 부탁해서 각각 한 컷의 그림으로 그렸습니다. 그리고 그것을 OHP 필름에 복사해 두고, 또 파워포인트로 만들어 강의가 있을 때마다 필요한 그림들만 골라 이용합니다. 물론 스토리는 계속 새로운 것으로 바뀌기도 하고 늘어나기도 합니다.

그림을 보여주면서 이야기를 할 때 좋은 점은, 듣는 사람들이 그 그림을 눈으로 즐길 수 있다는 것과 화자의 말의 불완전성을 보완해 주기도 한다는 것입니다. 뿐만 아니라 그림은 듣는 이의 이해를 돕기 때문에 설명하는 시간도 절약해 줍니다. 그래서 같은 시간에 더 많은 메시지를 전달할 수 있게 되지요.

그리고 무엇보다도 이 그림 요법의 좋은 점은 원고를 달달 외울 필요가 없다는 것입니다. 이야기를 하다가 그림만 한번 힐끔 보면 무엇을 말해야 할지 저절로 떠오르기 때문입니다.

전문가들에 의하면 같은 내용이라도 그냥 말만 해줄 경우 3시간 후에는 70%를 기억하지만, 3일 후에는 겨우 10%를 기억한다고 합니다. 그리고 말은 하지 않고 보여주기만 할 경우에는 3시간 후에 72%를 기억하고, 3일 후에는 20%를 기억한다고 합니다. 그러나 말하면서 보여주면 3시간 후 85%를 기억하고, 3일 후에는 65%를 기억한다고 합니다. 이렇게 볼 때 스토리를 한 컷의 그림에 압축해 시각자료로 활용하며 이야기를 펼치는 것은, 화자나 청자 모두에게 도움이 되는 방법입니다.

당신의 생각은?

1. 마크 트웨인이 사용한 방법이 바로 영상화(visualize)인데, 아이디어를 영상화하는 것은 기억력 증진뿐만 아니라, 아이디어 자체를 생생하고 풍부하게 하는 효과가 있다. (O, X)

2. 노트를 들여다보면서 이야기하는 것은 실수하지 않기 위한 책임 있는 행동이다. 물론 그러다 보면 듣는 사람이 지루할 수도 있겠지만, 그건 듣는 사람의 관심과 태도의 문제일 뿐이다. (O, X)

3. 말을 하면서 머릿속에 그림을 그리다 보면 너무 도취되어 듣는 사람을 살피는 일에 소홀해질 수도 있다. 그러나 말하는 사람이 도취되면 듣는 사람도 함께 도취되고 감동을 받는다. (O, X)

큰 소리로 읽어봅시다

어떤 사람의 얼굴은 생각나는데 이름은 도저히 생각나지 않을 때가 많다. 눈에서 뇌까지 연결하는 신경망은 귀에서 뇌까지를 연결하는 신경망보다 25배나 거대하고 정교하다. 그래서 옛말에도 '백문이 불여일견'이라는 말이 있다. 토크의 요목을 적어 놓은 종이를 펴놓고 한번만 들여다보라. 그리고 눈을 감아라. 글자들이 타는 불꽃을 감상해 보라.

－ 데일 카네기

애크로님과 어크로스틱을 개발하라

필자가 수년 전에 어떤 모임에 나갔을 때의 일입니다. 그 날의 모임에 모인 사람들은 주최자를 제외하고 모두가 서로 처음 만나는 사람들이었습니다. 그래서 우리는 우선 돌아가면서 자기소개부터 하기로 했습니다. 참석자는 모두 20명이었고 공교롭게 필자의 차례가 맨 마지막이었습니다. 이윽고 필자의 차례가 되었습니다. 나는 우선 이름과 직업, 사는 곳, 거기 참석하게 된 동기 등을 말하고 이렇게 덧붙였습니다.

"서강 사는 신임 최과장 오후 배로 나오면 모두 나오라"

참 이상한 문장이지요? 무슨 의미가 있는 거 같기도 하고 아닌 거 같기도 하고…. 이것은 제가 그 날 참석한 사람들의 성씨를 모두 집어넣어서 하나의 문장으로 만든 것이었습니다. 여기서 '는'은 그냥 넣은 것이고 '과'는 가씨를, '후'는 우씨를, 그리고 '로'는 노씨를 변형해서 넣은 것입니다. 사람들에게 그 의미를 설명했더니 그들은 상당히 재미있어 하면서, 일동이 즉석에서 그 문장을 몇 번씩 합창하기까지 했습니다. 그 덕에 모든 참석자들은 금방 서로의 이름을 기억할 수 있게 되었을 뿐만 아니라, 모임의 분위기도 아주 부드러워졌습니다.

앞에서 우리는 'ALICE 기억법', 'SMART 경청법', 그리고 'ALFRED 화법'에 대하여 이야기한 바 있습니다. 그런 식으로 기억해야 할 단어들의 첫 글자를 따서 어떤 의미 있는 단어로 만들면 기억에 도움이 됩니다. 그렇게 하는 방법을 바로 '애크로님(acronym : 약성어 또는 두문자어)'이라고 합니다. 그리고 애크로님과 비슷한 것으로 '어크로스틱(acrostic : 약성문 또는 두성문)'이라는 것이 있습니다. 이것은 기억해야 할 것을 의미 있는 하나의 문장으로 만들어 기억하기 쉽게 하는 것입니다.

그럼 먼저 애크로님의 예를 한번 들어볼까요. 미국의 5대호를 애크로님을 이용해 'HOMES'로 표기해 기억할 수 있습니다. 'HOMES'는 휴런호(Huron), 온타리오호(Ontario), 미시간호(Michigan), 이리호(Erie), 슈피리어호(Superior)의 머릿글자를 이어 암기하기 쉽게 만든 것입니다.

그리고 어크로스틱은 위에서 필자가 사용한 "서강 사는 신임 최과장 오후 배로 나오면 모두 나오라"가 그것입니다. 단어들의 첫 글자를 그대로 모으거나 변형시켜 하나의 문장을 만드는 것이지요. 어크로스틱의 또 다른 예를 들어보면, 고려시대의 사건순서—거란족 침입, 여진족 침입, 몽고족 침입, 홍건적 침입—를 "거대한 여자가 몽고간장을 들고 홍도야 우지 마라 노래를 부르며 간다"로 만들 수 있고, 또는 서양문학사조의 변천순서—고전주의, 낭만주의, 자연주의—를 "고운 낭자는 자연경치를 좋아한다" 식으로 만들어 기억할 수 있습니다.

물론, 애크로님과 어크로스틱 두 가지를 병용하는 방법도 있습니다. 토크 파워의 강화를 위한 방법과 관련하여 우리가 앞에서 애크로님화한 ALICE 기억법과 SMART 경청법, 그리고 ALFRED 화법을 연결해서 하나의 문장, 즉 어크로스틱을 만드는 것입니다. '앨리스양은 스마트한 알프레드를 사랑해(Alice loves smart Alfred).' 여기서 새로이 등장한 'loves' 역시 공식적인 프레젠테이션이 아닌 일상적인 대화를 할 때의 지침을 나타내는 애크로님입니다.

L = Llistening ― 상대방의 말을 열심히 들어라.

O = Overlook ― 타인의 잘못을 묵과하라.

V = Voice ― 부드럽고 상냥한 목소리로 대하라.

E = Energy ― 내용뿐만 아니라 기를 주고받아라.

S = Synergy ― 서로 결합연관 효과를 거두어라.

애크로님이나 어크로스틱은 어떤 상황이나 문장은 물론, 그 무엇이든 쉽게 기억하는 데 아주 좋은 도구가 됩니다. 그리고 화자 입장에서 전달할 내용 자체를 아예 애크로님이나 어크로스틱으로 만들어 청자에게 제시하는 것도 매우 좋은 방법입니다. 왜냐하면 흥미도 유발하면서, 또 깊은 인상을 오래 남길 수 있다는 장점이 있기 때문입니다.

당신의 생각은?

1. 애크로님이나 어크로스틱은 기억력을 증진하는 데에 도움이 되겠지만 일반적으로 사람들은 복잡한 것을 좋아하지 않기 때문에, 토크에 이런

것을 너무 많이 도입하면 오히려 거부감을 일으킨다. (O, X)

2. 원고 없이 한 시간이고 두 시간이고 이야기를 하자면 애크로님과 어크로스틱을 최대한 활용할 필요가 있다. (O, X)

3. 지금까지 내가 스스로 만든 애크로님은 _____과 _____인데 그것들은 매우 쓸모가 있다.

4. 나는 원만한 목표달성을 위해서 다음의 것들을 반드시 암기해야 하는데, 아직 실천을 못하고 있다. _____월 _____일 까지는 반드시 애크로님을 활용해서 다음의 것들을 암기할 것이다.

   (1) _____

   (2) _____

   (3) _____

큰 소리로 읽어봅시다

아인슈타인은 어려서 유태인에 대한 박해가 심했던 나라에서 소년시절을 보냈기 때문에 열등의식 속에서 자랐다. 더욱이 그는 어려서 말이 더디어서 아홉 살이 될 때까지 말을 잘 못했다고 한다. 이를 보고 실망한 그의 부모는 소년 아인슈타인이 저능아가 아닌가 하고 의심할 정도였다. 나중에 아인슈타인은 세계적으로 유명해진 뒤에도 매스컴에서 인터뷰를 할 때면 머리를 만지면서 말을 천천히 하였다고 한다.

현장에 있는 물건과
상황을 활용하라

역사상 최고의 토크 파워를 자랑하는 이는 신약성서에 묘사된 예수 그리스도가 아닌가 싶습니다. 예수의 말씀은 이천 년 동안 우리들에게 회자되고 있으며, 그의 말씀을 삶의 양식으로 삼고 있는 사람도 많으니 말입니다. 아마도 우리가 성경에 기록된 예수의 말씀은 물론, 그가 사용한 토크 방법의 10%만 터득해도 말에 대해선 완벽하다는 평을 들을 수 있을 것입니다. 여기서 필자는 예수가 사용한 수많은 토크 방법 중 하나인 '현장 상황 활용법'에 대해서 이야기하고자 합니다.

예수의 제자들이 누가 선배이고 우두머리냐 하는 문제를 놓고 다투고 있을 때였습니다. 예수는 마침 그 곳에 어린이가 있는 것을 보고 그 어린이를 제자들 가운데 세워둔 채 "누구든지 내 이름으로 이 어린아이를 영접하면 곧 나를 영접함이요, 또 누구든지 나를 영접하면 곧 나 보내신 이를 영접함이라. 너희 모든 사람 중에 가장 작은 그 이가 큰 자니라"라고 말함으로써 극적으로 '겸손'이라는 메시지를 던졌습니다.

예수는 이렇게 이야기를 하고 있는 현장의 물건이나 상황을 활용하여 많은 이야기를 하곤 했습니다. 물고기를 잡고 있는 어부를 만나면 그물이나 물고기 잡는 방법을 소재로 이야기했고, 이야기하는 곳에 무화과나무가 있으면 무화과나무를, 포도주가 있으면 포도주를 소재로 하여 자신의 메시지를 전달했습니다. 우물가에서 만난 여인에게는 생명수에 관한 이야기를 하기도 했습니다.

한번은 간음한 여인을 에워싼 군중들이 예수에게 과연 그 여인을 어떻게 처결해야 하는가 하는 함정이 숨어 있는 질문을 던졌습니다. 이때 예수는 그들의 율법대로 "죄 없는 자가 돌로 치라"고 말했습니다. 그들의 율법이라는 상황을 활용하여 오히려 상황을 반전시키고 자신의 메시지를 분명히, 또 매우 효과적으로 전달한 것입니다.

그렇다면 이렇게 현장에 있는 사물이나 상황으로 메시지를 전달할 때, 그 반응은 어땠을까요? 물론 그의 메시지는 100%의 관심을 유발했고, 100%의 설득력을 발휘했습니다.

최근 필자는 예수처럼 현장에 있는 물건을 제대로 활용하여 이야기하는 한 사람을 보았습니다. 얼마 전 창의적 강의법에 관한 어떤 워크숍에 참석했는데 거기서 강의한 밥 파이크(Bob Pike)가 바로 그런 사람이었습니다.

그는 이야기할 때 한꺼번에 너무 많은 개념을 던지지 말라는 말을 하면서, 두 손으로 현장에 있던 생수병과 물 컵을 높이 치켜들어 컵에 물을 계속 부어 흘러 넘치는 모습을 한동안 보여주었습니다. 이는 강사들이 아무리 많은 개념을 퍼부어 대도, 수강자들은 몇 개의 개념밖에 처리할 수가 없다는 것을 보여주는 것이었습니다. 수강자들에게 너무 많은 개념을 던져주면 그들은 물 컵처럼 이해할 수 있는 것들만 받아들이고 나머지는 다 흘려 버리거나, 과부화가 걸려 듣기를 포기할 수 있다는 의미를 현장에 있는 물건을 이용해 너무나 명료하게 설명한 것입니다. 그 순간 이제까지 그의 영어를 알아듣지 못하던 사람들도 단숨에 그가 하는 말을 알아들었고, 집중력이 떨어졌던 사람들의 눈과 귀도 다시 그에게 쏠렸습니다.

뿐만 아니라, 그는 워크숍이 열리고 있는 강당이 충분히 넓다는 점을 활용해서 300명에 가까운 사람들을 이리저리 수 차례 이동시키면서 상호작용을 하게 함으로써, 11시간이나 계속된 워크숍을 지루하다는 느낌이 들지 않게 만들었습니다.

필자도 강의할 때 현장의 사물을 자주 이용하곤 합니다. 맛을 감별하는 혀의 잠재력에 대해 이야기할 때는 교탁 위에 놓여 있는 물 컵을 이용해 이야기하고, 손가락 피부의 예민함에 대해 이야기할 때는 앞에 놓여 있는 칠판에 손가락을 얹어 놓고 이야기합니다. 어떤 때는 수강자들의 손가락을 가지고 영상화의 효과를 증명해 보이기도 합니다. 그럴 때마다 그냥 한 자리에 서서 이야기할 때보다 엄청나게 시선이 집중되는 것을 느낄 수 있었고, 말의 설득력이 현저히 높아짐을 경험했습니다.

토크를 할 때 현장에 있는 물건들과 현장의 상황을 최대한 활용하는 것은, 산만해지기 쉬운 청중들의 시선을 관리하고 말의 설득력을 높일 수 있을 뿐만 아니라, 전달하는 콘텐츠를 오래 기억하게 하는 효과적인 방법입니다.

당신의 생각은?

1. 현장에 있는 물건이나 상황을 이용하는 것은 일반교양 분야의 토크에는 가능하겠지만, 전문성이 있는 주제를 다룰 때는 불가능한 것이다. (O, X)

2. 현장의 상황을 잘 활용하여 토크의 효과를 높이기 위해서는 가능한 한 사전에 현장을 답사할 필요가 있다. (O, X)

3. 토커의 지식이 풍부하고 화술훈련이 잘 되어 있다면, 현장의 물건이나 상황을 이용하는 것보다 그냥 서서 품위 있게 말하는 것이 더 효과적이다. 그런 것에 의존하는 것은 오히려 주의를 산만하게 할 수 있다. (O, X)

4. 내가 가장 많이 사용하는 콘텐츠는 _____인데, 그것을 설명할 때 _____를 이용하면 매우 효과적일 것이다.

큰 소리로 읽어봅시다

길가에서 한 무화과나무를 보시고 그리로 가사 잎사귀밖에 아무것도 얻지 못하시고 나무에게 이르시되 이제부터 영원토록 네게 열매가 맺지 못하리라 하시니 무화과나무가 곧 마른지라. 제자들이 보고 이상히 여겨 가로되 "무화과나무가 어찌하여 곧 말랐나이까?" 예수께서 대답하여 가라사대 "내가 진실로 너희에게 이르노니 만일 너희가 믿음이 있고 의심치 아니하면 이 무화과나무에게 된 이런 일만 할 뿐 아니라 이 산더러 들려 바다에 던지우라 하여도 될 것이요. 너희가 기도할 때에 무엇이든지 믿고 구하는 것은 다 받으리라" 하시니라.

– 마태복음 21:19-21

데뷔를 위한 퍼포먼스
리허설 *10단계*

나탈리 로저스(Natalie H. Rogers)는 배우로서 또 연기교사로서 활약했고, 뉴욕에 있는 도브극장(Dove Theatre)의 예술담당 이사로 근무한 경력이 있습니다. 그녀는 또한 지난 20년 동안 연설 공포로 고생하는 사람들을 위한 클리닉에 종사해온 전문가이기도 합니다. 그녀는 최근 저서 《토크 파워 *Talk Power*》에서 공적인 장소에서 처음 이야기하거나, 또는 무대공포증 때문에 고통받고 있는 사람들을 위해 다양한 연습방법을 제시한 바 있습니다.

토크나 스피치에 관계된 책들이 대개 어떨 땐 어떤 말을 어떻게 하라는 데에 초점을 맞추고 있지만, 정작 중요한 것은 시작하기 5분 전, 즉 마이크에서 자신의 이름이 불려지는 순간에서부터 연단에 올라가 첫마디를 열 때까지의 과정이라는 것이 로저스의 지론입니다.

그녀는 연습을 제대로 하자면, 실제 토크가 행해지는 장소 또는 그와 비슷한 장소에 가서 청중석과 연단을 만들어 놓아야 한다고 주장합니다. 마이크가 있으면 마이크도 준비하면 더욱 바람직하겠지요.

그럼 로저스가 제시한 대로 토크 연습을 시작해 봅시다. 우선 연단 뒤 당신이 서 있을 발판에 종이를 한 장 펴놓고 시작합시다.

1단계 : 청중석에 앉아서 손을 무릎 위에 얹고, 손바닥은 천장을 향하게 한다. 몸이 좌우로 기울지 않고 똑바로 앉았는지 확인한다.

2단계 : 복식호흡을 다섯 번 반복한다(배를 잡아당긴다. 코로 숨을 내쉰다. 그리고 속으로 하나, 둘, 셋을 천천히 센다. 배 근육을 편안하게 한다. 약간의 공기를 들여 마신다. 가슴은 움직이지 않도록 한다). 날숨에서 시작하여 들숨에까지 왔을 때 하나를 카운트하여 다섯까지 한다.

3단계 : "나는 의자에 앉는다. 내 몸은 완전한 균형상태다"라고 말한다(실제로 균형감을 느낀다).

4단계 : "내 손은 여기 있다"고 말하면서 속으로 손의 무게를 가늠해 본다. 남들이 알 수 없을 만큼 손을 살짝 들어본다.

5단계 : "손을 옆으로 가져간다"라고 소리내어 말한다.

6단계 : 호명되면 의자에서 일어나 앞으로 3인치 정도 나서면서 "나는 천천히 일어난다. 나는 아주 작은 걸음으로 걷는다. 나는 내 손이 어디 있는지 느낄 때까지 기다린다"라고 소리내서 말한다.

7단계 : "연단은 멀지 않다. 나는 천천히 걷는다. … 손은 여기 있다"라고 말하면서 연단까지 아주 작은 걸음으로 천천히 걷는다. 손의 위치를 계속 확인하면서 "나는 천천히 돌아선다. 청중들을 바라본다. 나는 정면을 응시한다. 나는 두리번

거리지 않는다. 내 손은 여기 있다"라고 소리내서 말한다.

8단계 : 당신은 지금 연단에 서 있다. 두 발이 편하게 벌어져 있는지 확인하자. 발 사이를 약간 좁힌다. 약간 더… 약간 더… 발가락을 오므린다. 토크를 시작한다. 이야기의 한 대목이 끝나고 다음 대목으로 넘어갈 때마다 발 사이를 약간씩 좁힌다.

9단계 : 결론의 마지막 말을 하고 난 뒤 "감사합니다"라고 말한 다음 발가락을 세 번 오므리고 "나는 내 자리로 천천히 돌아간다. 내 손은 여기 있다"라고 소리내어 말한다.

10단계 : 의자에 앉는다. 복식호흡을 다섯 번 반복한다. 자신의 느낌이 어떤지 확인한다.[38]

위의 10단계를 반복해서 연습해 보십시오. 처음 몇 번의 연습에서는 지시된 말들을 다 소리내서 하되 여섯 번째부터는 실제의 데뷔연습이므로 속으로만 말하십시오. 이 연습은 하루에 두세 번씩 일주일 정도 하는 것이 바람직하다고 합니다.

이렇게 미리 연습을 하고, 강의나 프레젠테이션이 있는 전날 밤에는 평상시와 같은 시간에 자는 것이 바람직하고, 침대에서 복식호흡을 50회 정도 실행하면 더욱 좋습니다. 복식호흡은 숙면을 취하는 데에도 도움이 됩니다.

당일 아침 일과는 평상시와 똑같이 하되 바쁘게 움직이지 않도록 여유시간을 마련해야 합니다. 서두르다 보면 예측 못할 재앙에 부딪힐 수도 있습니다. 식사도 가볍게 하고 편안한 음악을 즐기십시오. 꼼짝 않고 집에 있는 것은 바람직하지 않습니다. 오히려 불안감에 휩싸일 가능성이 있습니다. 다른 날처럼 출근하거나 등교하십시오.

되도록 모든 동작을 천천히 하고, 천천히 말하고, 물건을 집을 때는 반드시 그 무게를 가늠해 보십시오. 길거나 열띤 토론에는 참가하지 않아야 합니다. 평소와 다름없이 행동하되 말수는 줄이고, 조금만 먹고, 천천히 걸으며, 현장에는 여유 있게 일찍 도착해야 합니다.

현장에 들어서서는 분주한 인사치레를 자제하고 내면의 소리에 집중하여야 합니다. 누가 인사를 건넬 경우에도 간략히 마쳐야 합니다. 좌정하면서 복식호흡부터 시작하여 위의 10단계를 실행해 나아가십시오. [39]

당신의 생각은?

1. 여러 사람 앞에서 토크를 한다는 것은 그 자체가 하나의 연기라고 보아야 한다. 따라서, 극단에 들어가서 배우수업을 받아보는 것이야말로 토크 파워를 강화하는 효과적인 방법이다. (O, X)

2. 여기서 말하고 있는 방법대로 아무리 연습을 해도 선천적인 끼가 없는 사람은 어차피 무대에 올라가면 공포를 느낀다. (O, X)

3. 위 방법은 매우 좋은 방법인 것 같다. 나는 꼭 공식 프레젠테이션이 아닌 면접이나 중요한 협상이 있을 때도, 이런 방법을 응용하여 연습을 해볼 것이다. (O, X)

4. 사실, 사람들은 프레젠테이션을 못하는 것이 아니라, 안 하는 것이다. 꼭 위와 같은 방법이 아니더라도 누구나 나름대로의 방법으로 연습한다면 잘할 수 있다. (O, X)

큰 소리로 읽어봅시다

당신이 첫마디 입을 열기도 전에 청중들은 벌써 당신에 대한 인상을 평가하기 시작했다. 당신이 유능한지, 믿을 수 있는지, 호감이 가는 사람인지에 대한 인상이 이미 그려진 뒤에 당신이 말을 하기 시작하는 것이다. 싫건 좋건 사람은 처음에는 우선 외모를 보고 판단한다. 그러므로 당신이 전달하고자 하는 메시지에 걸맞는 옷차림을 선택하라. 먼저 권위를 세울 필요가 있는지, 신뢰감을 심어줘야 하는지, 호감을 사야 하는지 등 컨셉트를 명확히 하라.

― 《101 Secrets of Highly Effective Speakers》 중에서

보디랭귀지와
NLP로 말하라

일본을 방문한 로버트 케네디가 오쿠마 강당에서 연설을 할 때였습니다. '미제 타도' 라는 구호가 드높던 시절, 케네디가 강연을 마치고 강당을 나서자 학생들은 케네디를 에워싸고 "양키는 돌아가라!"를 소리 높여 외쳐댔습니다. 금방이라도 무슨 일이 일어날 것 같은 살벌한 분위기였습니다. 그런데 잠시 후 정말 믿기 어려운 일이 벌어졌습니다. 케네디가 아는 노래가 하나 있다며 마이크를 잡고 와세다 대학의 교가를 부르기 시작하자, 신기하게도 그 때까지 욕설을 퍼붓던 학생들이 케네디를 따라 교가를 부르는 것이었습니다.

사람들은 말만이 커뮤니케이션 도구라고 생각합니다. 그러나 위의 사례처럼 노래도 얼마든지 훌륭한 커뮤니케이션 도구가 될 수 있고, 얼굴표정이나 몸짓, 행동 등의 비언어도 말을 대신할 수 있는 수단이 됩니다. 그리고 때로는 이런 것들이 말보다 더 강력한 표현 수단이 되기도 합니다.

메시지를 전달함에 있어서 언어보다는 오히려 비언어의 비중이 월등히 높다는 연구결과가 있습니다. 이 연구결과에 따르면 말로 전달되는 것은 7%에 불과하다고 합니다. 대신 목소리의 음조(38%)나 몸짓(Body Language 55%)으로부터 받는 인상이 훨씬 크다는 것입니다. 뿐만 아니라 목소리의 톤이나 말의 속도, 그리고 말과 말 사이에 끼어드는 침묵이나 손동작 등 수많은 요소들이 작용할 때 비로소 제대로 된 말이 된다고 합니다. 따라서 현란한 언변을 구사한다고 하여 말을 잘한다고 단정할 수는 없겠지요.

실제로 화려한 언변이 아닌 보디랭귀지만으로 청중을 사로잡는 사람도 있습니다. 미국의 코미디언 조지 칼린이 바로 그런 사람입니다.

그가 '생방송 토요일 밤(Saturday Night Live)' 이라는 프로에 게스트로 초대되었을 때였습니다. 그 프로는 처음에 5~10분 정도 게스트가 혼자 이런저런 이야기를 하도록 짜여 있습니다. 그런데 그는 여기서 단 한마디도 하지 않고 청중들에게 큰 호응을 얻었습니다.

그는 우선 무대로 나가 입을 꼭 다문 채 한숨을 쉬고 의자에 털썩 주저앉음으로써 "자, 여러분 내가 왔습니다"라는 뜻을 전달했습니다. 그런 그의 괴이한 행동을 보고 청중들은 폭소를 터트렸지만, 그는 아랑곳하지 않고 앉아 지겨운 듯한 눈초리로 셔츠의 단추를 내려다보거나 청중들을 향한 기대에 찬 응시로 자신만의 보디랭귀지를 구사했습니다. 그의 그런 익살을 알아 챈 청중들은 그의 행동 하나하나에 포복절도하는 웃음을 자아냈고, 마침내 그는 작은 몸짓, 그리고 미세한 표정만으로도 청중들을 모두 사로잡게 되었습니다.[40]

여러분도 로버트 케네디나 조지 칼린처럼 비언어 도구인 보디랭귀지나 표정 혹은 목소리만으로도 훌륭한 말을 구사할 수 있습니다. 여기서 그 방법을 가르쳐 주겠습니다.

여기 소개하는 방법들은 NLP(Neurio-Linguistic Programming)에서 이용하는 올바른 커뮤니케이션을 위한 '래퍼(Rapport)'와 '캘리브레이션(Calibration)'이라는 기법인데, 이는 주로 대화에서 많이 응용할 수 있는 것들입니다. 그러나 이를 더욱 확대, 발전시키면 프레젠테이션이나 강의에서도 충분히 활용할 수 있을 것입니다.

먼저 래퍼라는 것을 설명하면 이는 원래 프랑스어로 다리를 놓는다는 뜻인데, 대화에서 상대방에게 누군가와 함께 있다는 안도감, 신뢰감 등을 주는 상태가 되면 래퍼 상태를 만들었다고 표현합니다.

래퍼 상태를 만들기 위해서 사용할 수 있는 방법으로는 상대방과 같은 자세와 같은 동작을 취하는 '미러링(Mirroring)', 상대방의 말을 반복하는 '백트래킹(Backtracking)', 상대방과 호흡이나 동작, 음조 등을 맞추는 '페이싱(Pacing)' 등이 있습니다.

먼저, 미러링은 말 그대로 마치 거울을 보듯이 상대방의 행동을 그대로 따라하는 기법입니다. 예를 들어 상대방이 오른쪽으로 고개를 기울이면 나는 왼쪽으로 기울이고, 상대방이 팔짱을 끼면 나도 팔짱을 끼는 식이지요. 이런 행동을 할 경우 상대방은 은연중에 '저 사람과 나는 서로 마음이 통하고 있다'라는 느낌을 받게 됩니다. 물론 상대방이 이상하게 생각할 정도로 부자연스럽게 따라해서는 안 됩니다.

백트래킹은 이야기하는 중간중간에 상대방이 말한 어떤 핵심단어를 맞장구치듯이 그대로 되풀이하는 것입니다. 예를 들어 상대방이 "어제 저녁에는 가족과 미사리에서 외식을 했지"라고 말하면, "아, 미사리에서 외식을 하셨군요"라고 되받아 주는 것입니다. 이런 방법을 쓰면 상대방은 분명 '저 사람은 내 얘기를 귀기울여 듣고 있구나' 하고 생각할 것입니다. 커뮤니케이션에서 가장 중요한 것은 상대방의 이야기를 귀기울여 듣는 것입니다. 그저 단순히 듣는 것이 아니라 신경을 집중해서 듣는다는 인상을 주면 대화는 어느 때보다 쉽게 풀려 나갈 것입니다.

페이싱은 호흡이나 동작, 음조 등을 상대방과 맞추는 것입니다. 예를 들어 고민하고 있는 사람, 절망에 빠진 사람, 초조해 하는 사람, 화내고 있는 사람의 호흡은 대체로 빠르고 얕습니다. 이런 상태에 있는 사람과 대화를 할 때는, 우선 자신도 빠르고 얕은 호흡으로 상대방과 호흡을 맞추다가 서서히 침착한 호흡으로 리드해 나가면 상대방을 침착하게 안정시킬 수 있습니다. 이 방법은 일상생활에서 부모와 자녀, 상사와 부하직원, 그리고 친구와 친구 간의 대화에서 아주 유용하게 활용할 수 있습니다.

다음으로 캘리브레이션을 설명하면, 이는 상대방을 보고 거기서 상대방의 상태를 읽는 것입니다. 우리는 상대방의 표정이나 몸짓, 숨결 등의 보디랭귀지, 특히 안색이나 안면근육의 움직임, 눈동자 등을 보고 그 사람의 상태를 읽을 수 있습니다. 그러나 이런 것을 잘못 이해하면 자칫 오해를 불러일으킬 수도 있습니다. 따라서 캘리브레이션은 상대방의 몸짓이나 표정을 제대로 이해하기 위해 필요한 것입니다.

특히, 마음의 창이라는 눈을 관찰함으로써 상대방의 의도를 파악하는 것을 아이 엑세싱 큐(Eye Accessing Que)라고 하는데 캘리브레이션에서 가장 어렵고도 중요한 방법입니다.

보통 사람들은 미래의 바람직한 상태를 떠올릴 때, 시선을 위로 향하는 경향이 있습니다. 이렇게 감정 상태에 따라서 시선이 달라지는데, 그 시선이 담은 의미를 읽게 되면 상대방의 메시지를 쉽게 파악할 수 있겠지요. 시선의 패턴을 정리하면 다음과 같습니다.

- 왼쪽 위 : 과거의 체험을 영상(시각적 이미지)으로 떠올리고 있다.
- 오른쪽 위 : 체험한 적이 없는 영상을 상상하고 있다.
- 왼쪽 수평 : 과거에 체험한 소리, 목소리를 기억하여 듣고 있다.
- 오른쪽 수평 : 체험한 적이 없는 소리, 목소리를 상상하여 듣고 있다.
- 왼쪽 아래 : 마음속에서 대화를 하고 있다(내적 대화).
- 오른쪽 아래 : 체감각을 찾고 있다.

이 아이 엑세싱 큐는 상대방의 메시지를 읽을 때도 유용하지만, 당신이 직접 말을 할 때도 유용하게 사용할 수 있습니다. 예를 들어 이야기 도중 과거에 보았던 영화를 떠올리고자 할 때, 의식적으로 왼쪽 위를 쳐다보면 그 영상이 더 생생하게 보여질 것입니다.[41]

앞에서도 언급했지만 우리는 단순히 입에서 나오는 말만으로 말을 하는 것이 아닙니다. 지금까지 설명한 다양한 보디랭귀지나 NLP기법을 사용하여 말을 할 때, 우리의 말에는 더 큰 힘이 실릴 수 있습니다.

당신의 생각은?

1. 말할 때 보디랭귀지를 사용하면 듣는 사람이 말의 내용에 집중할 수 없고 산만해져 오히려 메시지 전달에 장애가 된다. 말은 그 내용이 가장 중요한 것이다. (O, X)

2. 보디랭귀지나 NLP기법 이외에도 소리나 냄새, 컬러 등도 언어도구가 될 수 있다. (O, X)

3. 목소리나 몸짓이 대화에 큰 영향이 있다면, 말할 때 습관적으로 코를 만지거나 헛기침을 하는 행동은 나쁜 언어습관이라고 할 수 있다. (O, X)

4. 나는 내 말에 더 큰 힘을 싣기 위해 보디랭귀지나 NLP기법 등을 적극 활용할 것이다. (O, X)

큰 소리로 읽어봅시다

1988년 미국 대통령 선거전에서 부통령에 입후보한 공화당의 단 퀘일 (Dan Quale)이 민주당의 후보 로이드 벤슨(Lloyd Bentson)과 TV 토론을 했을 때, 쌍방의 '말'의 내용은 그야말로 막상막하였다. 하지만 퀘일은 그 TV토론에서 고배를 마실 수밖에 없었다. 그 이유는 그의 목소리와 제스처 때문이었다. 퀘일의 말은 고저가 균형을 잃어 비틀거렸고, 특히 말할 때 청중을 주시하지 못하는 그의 산만한 눈은 보는 이에게 부통령 후보로서의 믿음을 심어주지 못했던 것이다.

말로 머리를 연다
— 말의 또 다른 힘

지금까지 우리는 말의 힘과, 그런 힘있

는 말을 하기 위한 여러 가지 방법론에 대해서 이야기했습니다. 여기서는 말이 주는 또 다른 영향력 혹은 이득에 대해 살펴보고자 합니다.

말을 통해 우리는 두뇌를 개발할 수 있습니다. 말하면서 지식을 터득할수 있고, 특히 말한 것이 들은 것보다 오래 기억되기 때문에 말을 수련하다보면 자연스럽게 두뇌가 좋아집니다.

입을 열어 적극적으로 질문하고 자기 생각을 말하게 하는 교육방법을 고수하는 유태인. 그들의 인구는 세계 인구의 0.3%밖에 안 되지만, 노벨상의22%를 차지하고 있습니다. 그것만 봐도 말이 얼마만큼 두뇌개발에 중요한지 짐작할 수 있습니다. 뿐만 아니라 세계에서 문맹률이 가장 높은 나라인인도가 오늘날 세계적인 IT강국이 된 비밀도 바로 입을 연 데 있습니다. 글을 쓰지 못하는 인도인들은 우화를 듣고 들은 것을 다른 이들에게 들려주면서, 자신도 모르는 사이에 상상력이 풍부해지고 머리가 발달하게 되었던 것입니다.

20대 초반부터 일평생 입을 열어 사람들을 가르친 잭 캔필드와 스티븐 코비는 자기계발 분야의 최고 권위자가 되었으며, 뭐든 중요한 것은 입을 열어큰 소리로 읽었던 링컨의 암기력은 그 누구도 따라갈 수 없을 정도였습니다. 뿐만 아니라 수업시간에 아무도 대답하지 못하는 질문에 답하는 데 재미를붙여 엄청난 성공을 거둔 벤자민 칼슨. 그는 입을 열어 말하는 것이 상상작용, 연산작용, 집중력, 주의력의 확대에 얼마나 큰 영향을 주는지 생생하게보여주고 있습니다.

입을 여십시오. 그리고 천재가 되십시오.

"뭘 배웠니?" VS
"뭘 질문했니?"

유태인의 인구는 세계 인구의 0.3%에 불과합니다. 그러나 놀랍게도 역대 노벨상 수상자의 22%가 유태인입니다. 즉, 노벨상 수상자 비중이 인구 비중의 70배에 달하고 있는 것입니다. 이를 조금 비약해서 말한다면, 유태인이 다른 민족들보다 70배는 머리가 좋다는 이야기가 될 수도 있습니다.

그렇다면 어떻게 해서 그런 일이 가능할까요? 유태인들이 태어날 때부터 머리가 그렇게 좋았던 걸까요? 아니면 어떤 특별한 비결이라도 있는 것일까요? 인재가 가장 큰 자원이 될 수밖에 없는 우리나라로선, 그들이 부러움의 대상이 되는 동시에 교훈으로 삼을 수 있는 대상이 되기 때문에, 우리는 유태인의 뛰어난 머리에 대해 많은 관심을 가져왔습니다.

그런데 필자는 그 답을 주한 이스라엘 대사를 역임한 애셔 나임 (Asher Neim)의 말에서 찾을 수 있었습니다. 1998년 11월에 '수원 비전스쿨'에서 행한 특강에서 그는 다음과 같은 말을 남겼습니다.

한국의 어머니들은 아이가 학교에 다녀오면 대뜸 "너 오늘 뭐 배웠니?", "선생님이 무슨 말씀 하셨니?" 하고 묻습니다. 그러나 이스라엘의 어머니들은 다릅니다. 그들은 "너 오늘 선생님께 무슨 질문을 했니?" "뭐라고 말씀 드렸어?"라고 묻습니다.

그렇습니다. 유태인들이 머리가 좋은 이유는 그저 남의 지식을 습득하는 것에 그치지 않고, 입을 열어 의문의 답을 찾아간다는 데 있었습니다. 바로, 입을 열고 머리를 열어 사고한다는 것이 그 비밀이었던 것이지요.

인류학자들은 원시인들이 동물과 구별되는 점, 특히 우수한 점을 유일하게 도구를 사용할 줄 안다는 것이라 여겼습니다. 그래서 원시인들을 자랑스럽게 '도구인(Man The Toolmaker)'이라 불렀습니다. 그러나 지난 30년 동안 과학자들은 실험과 관찰을 통해, 침팬지도 도구를 이용해 먹을 것을 모으거나 무기로 쓴다는 사실을 증명해 냈습니다. 뿐만 아니라 포유동물이나 새들도 활동영역을 넓히고 생존의 기회를 선점하기 위해, 도구는 아니더라도 주위의 물건을 사용한다는 사실이 밝혀졌습니다. 이렇게 볼 때, 인간을 동물과 구별하는 기준이 도구라는 말은 더 이상 설득력이 없다고 할 수 있습니다. 그렇다면, 인간이 동물과 구별되는 점은 도대체 무엇이겠습니까? 그것은 바로 인간만이 질문을 한다는 사실입니다.

"왜?"

"어떻게?"

"…하면 어떻게 되는데?"

오직 인간만이 별들의 움직임에 대해 궁금해 합니다. 그리고 다른 이들의 사는 모습과 라이프 스타일에 호기심을 가집니다. 우리가 자동차를 타고 다니며, 신문을 발행하고, 달나라 여행을 할 수 있는 것도 모두가 "왜?", "어떻게?", "…하면 어떻게 되는데?" 하는 식의 질문을 하였기 때문입니다.

그리스 철학자 헤라클리투스(Heraclitus)는 단지 많이 배운다고 해서 머리가 좋아지는 것은 아니라고 했습니다. 정글 북의 작가 루디야드 키플링(Rudyard Kipling)도 자기는 '누가, 언제, 어디서, 무엇을, 왜, 어떻게' 라는 이름의 여섯 명의 비서를 거느리고 다닌다고 말했습니다. 그 정도로 스스로 의문을 가지고 묻는다는 것은 중요합니다. 물론 듣는 것, 보는 것, 그리고 연습하는 것으로도 머리를 열 수 있겠지요. 그러나 입을 열어 질문하는 것보다 직접적이진 못합니다.[42]

공부하는 사람에게 가장 중요한 것은 질문입니다. 질문을 망설이지 마십시오. 질문을 습관화하십시오. 그러면 머리가 좋아집니다. 거절당할까 염려하지 마십시오. 보통사람은 누구나 다른 사람을 돕는 것을 좋아하고, 특히 자기가 잘 아는 문제에 대해 질문을 받으면 자기 돈을 써가면서라도 설명하고 싶어하는 욕구가 있습니다.

선생님의 말을 일방적으로 듣기보다 자기의 생각을 말하고, "왜?" "어떻게?"를 연발하며 호기심 가득 찬 눈빛으로 선생님 입을 바라보는 이스라엘 아동들. 그런 환경과 문화에서 세계 최대의 노벨상 수상자들이 배출되는 현상을 목도하면서 우리는, 입을 열면 머리도 좋아진다는 것을 확신하게 됩니다.

당신의 생각은?

1. 질문이 많다는 것은 생각을 많이 한다는 것이다. (O, X)

2. 나도 질문을 많이 하고 싶지만 잘난 체 한다고 손가락질 받을까 봐 그냥 잠자코 있는 경우가 많다. 앞으로는 그런 것에 신경 안 쓰고 궁금한 건 다 질문할 것이다. (O, X)

3. 많은 사람 앞에서 질문을 하면 질문하는 바로 그 순간에 생각이 고도로 집중되기 때문에, 스스로 답을 얻게 되는 효과도 있다. (O, X)

4. 오늘날에는 뭐든 궁금한 것은 인터넷에 다 있으니, 굳이 누구에게 물어볼 필요가 없다고 생각하는 사람이 많아져 점점 더 입을 열지 않고 있다. (O, X)

5. 유태인이 노벨상을 많이 수상하는 것은, 교육방식의 우수성보다는 선택된 국민이라고 생각하는 자존감 때문이다. (O, X)

큰 소리로 읽어봅시다

예수님은 사람들에게 능력을 주셨다. 왜냐하면 그는 "너희는 나를 누구라 생각하느냐? 너희는 너희를 누구라 생각하느냐? 너희는 무엇을 원하느냐? 너희 마음은 어디에 있느냐?"라는 질문을 기꺼이 던질 수 있었기 때문이다.

– 《최고경영자 예수》 중에서

목청으로 머리를 연다

···▸ 에이브러햄 링컨

링컨이 다니던 시골학교의 마루바닥은 반씩 쭉쭉 갈라 놓은 통나무였고, 창문엔 유리대신 기름먹인 헌책 종이를 붙여 놓았습니다. 거기다 교과서라곤 단 한 권뿐인 열악한 환경이었습니다. 그래서 교사가 앞에서 크게 책을 읽으면 학생들은 교사의 목소리를 다 함께 따라하는 식으로 수업이 진행될 수밖에 없었습니다. 학생들은 선생님의 목소리를 잘 듣고 기억했다가 한 목소리, 하나의 호흡, 하나의 어조로 따라했습니다. 그러다 보니 학교는 늘 시끌벅적하였고, 마을 사람들은 그 학교를 '큰 소리 학교' 라고 불렀습니다.

링컨은 이 학교에서 누구보다도 크게 선생님의 목소리를 따라하며 열심히 공부한 학생이었습니다. 그래서 그런지 그 학교에서 몸에 배인 '큰 소리로 읽기' 버릇은 링컨의 일생을 따라 다니는 습관이 되었습니다. 그는 죽을 때까지 뭔가 중요하다고 생각되는 것들은 반드시 큰 소리로 읽어 기억했습니다.

링컨이 스프링필드에서 변호사로 일하고 있을 때였습니다. 그는 아침에 사무실에 도착하면 자기 자리에 앉아 그 긴 다리를 옆 의자에 걸쳐 놓은 채 큰 소리로 신문을 읽는 것으로 하루를 시작하곤 했습니다. 동료 변호사는 그가 읽어대는 소리에 골치가 지끈지끈 아플 지경이었다고 합니다. 그래서 한번은 왜 그렇게 큰 소리로 신문을 읽느냐고 물었습니다. 그러자 링컨은 "큰 소리로 글을 읽으면 두 개의 감각기관이 거기에 나타난 아이디어를 감지한다오. 먼저 눈으로 내가 읽는 것을 보고, 그 다음 귀로 그 소리를 듣는다오. 그래서 남들보다 두 배나 더 많이 기억할 수 있소"라고 대답하였습니다.

링컨은 자기의 머리를 스스로 쇠머리라고 일컬었습니다. "내 머리는 쇳덩어리 같아서 어지간히 긁어서는 아무런 자국도 남지 않는다. 그러나 일단 한번 안으로 파들어 간 자국은 그 누구도 지울 수가 없다."

그의 기억력은 타의 추종을 불허할 만큼 특별했습니다. 그 이유는 아마도 그의 말대로 쇳덩어리에 자국을 낼 만큼 큰 소리로 읽어가며 기억해야 할 것들을 머릿속에 집어넣기 위해 노력한 결과겠지요.[43]

사람은 읽은 것의 10%, 들은 것의 20%, 본 것의 30%를 기억한다고 합니다. 그러나 보면서 들은 것은 50%를 기억할 수 있습니다.[44] 링컨식 암기법, 즉 크게 읽어서 그 소리가 귀를 찌르고 들어오게 하면서, 동시에 마음의 시각으로 내용을 영상화하여 기억력을 증진시키는 원리는, 입을 열면 머리도 열린다는 것을 제대로 적용한 것입니다.

시청각 교육이라는 개념이 보급되기도 전에 한꺼번에 두 개의 감각 기관을 동원한다는 발상은, 과연 링컨다운 생각입니다. 오늘날엔 많은 시청각 자료들이 발달했으니, 링컨식 암기법에서 한 걸음 더 나아가, 보고 듣는 것 외에 만져보는 것, 냄새 맡아보는 것, 먹어보는 것까지 곁들인다면 금상첨화겠지요.

당신의 생각은?

1. 크게 소리내서 읽는 것은 기억력을 증진하는 데도 도움이 되지만, 그 자체가 말을 해보는 연습도 된다. (O, X)

2. 크게 소리내서 읽는 것은 목소리를 훈련시키고, 음색을 조율해 나가는 데에도 크게 도움이 될 것이다. (O, X)

3. 어렸을 때 부모나 교사가 읽는 소리를 그대로 흉내내서 따라하는 것은 감정표현이나 어조의 형성에 도움이 된다. (O, X)

4. 발음이 중요시되는 외국어 공부라면 몰라도 우리말로 된 책을 소리내어 읽는다는 것은 남에게 피해를 줄 수도 있으니 삼가야 한다. (O, X)

5. 나도 링컨처럼 매일 _____분씩 _____를 _____에 앉아서 큰 소리로 읽는 연습을 할 것이다.

큰 소리로 읽어봅시다

   듣는 사람들의 얼굴에는 다음과 같이 쓰여져 있다. "그게 나와 무슨 상관이지?" "나한테 그 얘길 왜 하지?" "그렇게 되면 내가 먹고사는 게 뭐가 어떻게 달라지는데? 직업상? 정신적으로?" 그러므로 무엇보다 먼저 토크의 목적, 토크를 통하여 당신이 일으키고자 하는 변화가 무엇인지를 그들에게 분명히 설명해야 한다.

                                                              – 레스 브라운

들은 것보다 말한 것이
더 오래 *기억된다*

필자(강헌구)는 학교 강의에서 발표를 중요시합니다. 그래서 때에 따라 필기시험을 아예 보지 않고 발표로만 모든 수업의 평가를 하기도 합니다. 발표를 하는 방법에 있어서는 개인별 발표보다는 그룹별 발표에 더 역점을 둡니다. 왜냐하면, 그룹별 발표는 준비과정에서 그룹 멤버들 사이에 활발한 토론을 유도하기 때문에, 학생들이 말을 연습할 기회가 더 많아진다는 이점이 있기 때문입니다.

물론 발표에 많은 시간을 할애하다 보니 자연히 교수가 설명하는 시간이 줄어들고, 따라서 계획된 내용을 전부 소화하지 못한다는 아쉬움도 남습니다. 그러나 강의 효과는 단연 발표 쪽이 더 좋은 것으로 나타나고 있습니다. 단적인 예로 학생들의 수업에 대한 관심도가 놀라울 정도로 높아졌습니다. 준비 없이는 발표를 할 수 없기 때문에, 학생들 스스로 어떻게 해서든지 내용을 전부 이해하려고 노력하기 때문이지요.

중·고교 때 발표식 수업보다는 주입식 수업에 길들여진 학생들에게 발표가 큰 부담이 아닐 수 없습니다. 그래서 정말 웃지 못할 해프닝도 많습니다. 어떤 여학생은 발표 때문에 일찍 일어나 미장원에 들렀다 오는가 하면, 어떤 학생은 너무 떨려서 우황청심환을 먹고 온 경우도 있었습니다. 심한 경우엔 발표가 부담스러워 과목 자체를 포기하는 학생도 있었습니다.

그러나 발표로 인한 이런 긴장감은 내용에 대한 주의력을 자극하고 발표할 요지와 초점에 대한 집중력을 발휘하게 하는 효과가 있습니다. 남의 말을 들을 때는 내가 말을 할 때만큼 주의력이 집중되지 않습니다. 다른 생각을 하기도 하고 눈을 뜬 채로 졸기도 합니다. 그러나 말을 하고 있을 때는 그렇지가 않습니다. 우리의 두뇌는 들을 때보다 말할 때에 더 많이 움직입니다. 들은 것보다 말한 것이 더 오래, 더 정확하게 기억됩니다.

이런 효과는 나와 수업을 함께 한 학생들의 실례를 통해서 증명할 수도 있습니다. 발표수업을 경험한 학생들이 졸업하고 3년, 5년, 심지어 10년이 지난 후에 필자를 찾아와 자기가 경험한 발표효과에 대해 얘기를 하곤 합니다. 그들은 학교 다닐 때 많은 것을 배웠지만, 지금 생각나는 것은 오직 자기가 청심환을 먹고 떨면서 발표했던 내용들뿐이라고 말합니다. 그때 발표한 내용은 10년이 지난 지금도 어디 가서 누구한테라도 자신 있게 설명할 수 있다는 것입니다.

앞서 링컨식 암기법에서 읽은 것, 들은 것, 본 것의 학습효과에 대해 언급했는데, 이보다 더 중요한 것은 말하기입니다. 들은 것의 20%를 기억할 수 있는 사람이라면 말한 것은 80%를 기억할 수 있고, 또 행동하면서 말한 것은 90%를 기억할 수 있다고 합니다.[45]

필자는 경험을 통해 가르친다는 것은 학생들 내부에 없는 지식을 밖에서 안으로 투입시키는 것이 아니라, 이미 그들 안에 있는 것을 밖으로 끌어내는 것이라는 신념을 갖게 되었습니다. 교수가 듣기에 그들의 발표내용이 부족하더라도 계속 칭찬과 격려를 아끼지 않으면, 결국 일정 수준에 도달할 수 있습니다.

가르치는 것은 말하는 것이 아니고 듣는 것이며, 공부는 귀로 하는 것이 아니라 입으로 하는 것입니다.

당신의 생각은?

1. 발표를 잘한다고 해서 내용을 많이 알고 있는 것은 아니다. 빈약한 내용을 번드르르한 말로 포장하여 대충 얼버무리고 넘어가는 사람도 많다. (O, X)

2. 발표가 충분치 못하다는 것은 내용을 모른다는 뜻이다. 대충 얼버무리고 넘어가는 것은 누구나 감지할 수 있기 때문에, 발표를 위해서는 많은 준비를 해야 한다. 따라서 발표는 그 자체가 지성을 개발하는 과정이다. (O, X)

3. 정보화가 진전될수록 모여서 이야기할 기회는 점점 더 줄어들 것이다. 따라서 발표력은 그다지 중요한 요소가 아니다. (O, X)

4. 나는 발표력을 좀더 보강할 필요가 있다. 그래서 다음과 같은 방법을 이용해 발표력 강화를 위해 노력할 것이다.

   (1) _____

   (2) _____

   (3) _____

큰 소리로 읽어봅시다

나는 성공에 관련된 책은 그것을 손에 넣을 수만 있다면 무조건 읽어본다. 나는 매주 5권 내지 10권의 책을 사며, 30개 잡지를 정기 구독한다. 그리고 일년 365일, 하루에 3시간 이상 책을 읽으며 노트할 수 있도록 모든 일정표를 거기에 맞춰 짠다. 그렇게 20년을 하고 나니 지금은 20일 동안 계속 이야기를 해도, 했던 소리를 반복하지 않을 수 있게 되었다.

– 브라이언 트래시

가르쳐 보는 것이
두뇌개발의 *비결이다*

《성공하는 사람들의 7가지 습관》이라는 책은 32개 언어로 번역되어 70개 국가에서 1,200만 부가 팔려나갔습니다. 최고경영자들이 가장 많이 보는 잡지 〈최고경영자 *Chief Executive*〉는 이 책을 20세기에 가장 큰 영향을 준 책으로 선정한 바 있습니다. 특히, 이 책은 우리나라에서도 매우 인기가 높았는데, 이 책에 대한 한국에서의 절대적인 인기는 미국에서 화제가 될 정도였습니다.

〈포춘 *Fortun*〉 지가 선정한 100대 기업 중 82개 기업, 그리고 500대 기업 중 3분의 2가 이 책의 저자 스티븐 코비(Steven Covey)의 교육프로그램을 사용하고 있습니다. 코비는 국제토스트마스터연맹 최고연사상(Toastmasters International Top Speaker Award)을 수상했으며, 타임지는 그를 '미국에서 가장 영향력 있는 25인의 인물' 중 하나로 선정하기도 했습니다. 명실공히 코비의 말과 글이 세계인의 마음을 움직이고 있다고 해도 과언이 아닙니다.

누구나 그의 강연을 듣거나 책을 읽으면 새로운 삶을 살게 된다고

…→ 스티븐 코비

합니다. 그러나 그의 말은 마틴 루터 킹처럼 감동적인 웅변조도 아니며, 마야 앙겔루처럼 최면술에 걸리듯 빨려들게 하는 스타일도 아닙니다. 그렇다고 재기 넘치는 유머로 사람을 끌어들이지도 않습니다. 그런데도 그의 말은 사람을 달라지게 합니다. 달라지게 하는 힘의 원천은, 자타가 공인하듯이 그의 콘텐츠와 전달방법의 우수함에 있습니다.

그의 강연을 들은 어떤 모티베이션(motivation) 전문가는 그 소감을 다음과 같이 말했습니다.

내가 코비의 강연회에 갔을 때 그는 참여식 강연을 했다. 그는 모든 사람들에게 일어서서 눈을 감고 오른팔로 북쪽을 가리켜 보라고 시켰다. 우리는 눈을 감고 그가 시키는 대로 각자 북쪽이라고 생각되는 방향을 향해 팔을 뻗었다. 이렇게 모든 사람이 팔을 뻗었을 때 그는 팔은 치켜든 채 눈만 뜨라고 말했다. 눈을 떴을 때 우리는 모두 중구난방으로 제각각 다른 방향을 가리키고 있는 우리 자신의 모습이 너무 재미있고 어이가 없어 깔깔댔다.

그 다음엔 어디가 북쪽인지 확고한 자신이 있는 사람만 서서 눈을 감은 채 북쪽을 가리키고, 나머지는 다 앉으라고 했다. 그런데 놀랍게도 서 있는 사람들은 처음과 마찬가지로 모두가 서로 다른 방향을 가리키고 있는 것이었다.

코비는 나침반을 가지고 어느 쪽이 북쪽인지 확실히 보여주었다. 그리고는 이렇게 말했다. "사람들은 얼마나 많이 '이것이 절대 옳은 길이다' 하고 말하고 있습니까? 우리는 얼마나 많이 '이것만이 절대 옳은 길이다' 라고 말하고 있습니까? 우리는 스스로 절대 확실하다고 말합니다. 그러나 과연 그렇습니까?'

나는 코비의 말에 크게 감동 받았다. 그래서 100% 확인되지 않은 것에 대해서는 "내가 알기론 이것이 옳아!" 하는 식의 말을 하지 않게 되었다. 그리고 모든 일에 대해 이중 체크하는 습관이 생겼다.[46]

코비 박사가 그토록 탁월한 언어의 마술사가 된 것은 선교사 훈련센터의 소장을 역임한 경력에서 기인한 것입니다. 그는 22세 때 몰몬교 선교사로 영국에 파송되었습니다. 그런 뒤 수개월 후에는 노팅엄(Nottingham)으로 보내져 거기서 지역책임자들을 훈련시키는 교사직을 맡게 되었습니다. 그리고 후에 브리검 영 대학(Brigham Young University)에서 교사를 역임하기도 했습니다. 이렇게 그의 평생의 직업은 오직 가르치는 것, 그 한 가지뿐이었습니다.

부정확하거나 어렴풋이 아는 것은 절대로 가르칠 수가 없습니다. 그렇기 때문에 가르치기 위해서는 확실히 알아야 하고, 꼭 설명해야 되는 것은 어떻게 해서든지 확실히 알아내게 됩니다. 따라서 입을 열어 누군가에게 자신의 지식을 가르치는 것이야말로 가장 확실하게 지식을 터득하는 방법입니다.

더욱이 학습의 효과에서 지적된 대로, 행동하면서 말한 것은 읽은 것의 9배, 들은 것의 2.5배, 본 것의 3배, 보면서 들은 것의 1.8배 이상의 기억효과를 가져옵니다. 가르치기 위해서는 행동하면서 말하지 않으면 안 되기 때문에, 가르치는 것이야말로 가장 크게 배우는 것입니다.

흔히, 가르칠 수 있는 사람은 따로 정해져 있다고 생각하기 쉽습니다. 그러나 사람은 누구나 자신이 배운 것을 가르칠 수 있습니다. 때문에 필자는 중고등 학생들이 성적을 올리고 싶다면, 대학생에게 돈을 내고 배울 것이 아니라, 한 학년 아래 후배를 자원봉사로 가르치는 것이 훨씬 좋은 방법이라고 생각합니다.

행동하면서 말하는 것, 다시 말해서 가르쳐 보는 것은 입으로 머리를 여는 가장 효과적인 방법입니다.

당신의 생각은?

1. 앞에 소개된 강연법은 매우 탁월하다. 역시 많이 가르쳐 본 경험에서 우러난 것 같다. 가르치는 것이야말로 가장 확실하게 배우는 것이다. (O, X)

2. 누구나 자기가 배운 것을 가르칠 수 있다는 말에는 수긍이 가지 않는다. 가르치기 위해서는 가르치는 특별한 기술이 있어야 한다. (O, X)

3. 남을 가르치면서 자신도 배우고, 가르치면서 입을 열면 머리도 좋아진다. 그래서 나는 다음주부터 _____ 에 가서 _____ 에게 _____ 를 가르치면서 그 내용에 대한 지식도 넓히고 사회봉사도 하며 두뇌를 훈련시킬 것이다.

4. 연사가 일방적으로 혼자만 말하는 것이 아니라, 청중과 함께 뭔가를 해보는 것은 관심과 주의를 집중시키는 좋은 방법이다. 그리고 청중끼리 옆 사람과 뭔가를 하게 하는 방법도 좋다. (O, X)

큰 소리로 읽어봅시다

나는 샌디에이고에서 스티븐 코비의 강의를 들었는데, 그 첫마디에서 강한 인상을 받았다. 그는 청중들에게 자기는 '콘텐츠 스피커'이기 때문에 누구를 웃기러 온 게 아니라고 했다. 나는 배우러 갔지 즐기러 간 게 아니었기 때문에 그 첫마디에 이끌렸고, 과연 무엇이 중요한 것인가를 새삼 깨달았다. 나중에 그의 이야기를 다 듣고 보니 그는 유머의 진수를 알고 있는 사람이었다.

— 로버트 맥피(Robert MacPhee)

말하면서 터득한다

필자(강헌구)의 맏딸은 고1때 몸이 아파 넉 달 동안 학교에 가지 못한 적이 있습니다. 그 때문에 넉 달 동안의 성적은 모두 영점처리가 되었고, 1등급이던 석차는 바닥까지 내려가고 말았습니다. 사태가 그렇게까지 되자 부모들은 물론 주위에서 과연 대학에나 갈 수 있을까 하고 걱정을 했습니다

그러나 그 걱정은 기우였습니다. 학교에 돌아간 지 6개월 만에 그 애는 원래의 성적을 회복하였고, 다시 1등급으로 복귀하였습니다. 게다가 후에 자기가 원하는 학교, 한국에서 가장 들어가기 어렵다는 대학에까지 진학하였습니다.

주변의 많은 사람들이 어떻게 원래의 성적을 회복할 수 있었을까 하고 의아해 했습니다. 머리가 원래 그렇게 좋은가, 아니면 무슨 특별한 과외라도 했는가, 무슨 비결이라도 있었는가 하고 한 동안 화젯거리가 될 정도였습니다. 그 아이에겐 물론, 특별한 비결이 있었습니다. 아니, 그 아이의 어머니에게 특별한 비결이 있었다고 하는 게 더 맞겠지요.

그 애가 초등학교 1학년 때였습니다. 아이가 학교에서 돌아오면 엄마는 무척 반갑게 맞이해 줍니다. 왜냐하면, 혼자 심심하게 있다가 아이가 돌아오면 같이 놀 친구가 생기기 때문입니다. 그러면 그때부터 아이와 엄마의 학교놀이, 선생님놀이가 시작됩니다.

"국어시간엔 뭐 했니?"
"응, 가나다라 쓰기"
"어떻게 쓰는데?"
"응 그건, 이렇게 이렇게 쓰는 거야."
"선생님은 어떻게 썼는데?"
"으응, 백묵을 이쪽 손에 이렇게 쥐고, 손을 요렇게 움직이고는 애들을 보면서 그대로 따라하래."
"해봐, 어디."
"선생님처럼 해볼게. 이렇게 이렇게."
"그 다음엔?"
"선생님이 '여기서 이렇게 옆으로 먼저 긋고 그 다음 이렇게 꼬부리는 거야. 알았지?' 그랬어."
"계속 해봐."
"어디 어떻게 썼는지 선생님이 다니면서 볼 거니까 계속 쓰고 있어야 돼요. 어디, 어디 보자. 잘 썼구나. 옳지…. 그렇지…."

이런 학교놀이는 몇 시간이고 계속되었습니다. 아이는 이렇게 엄마 앞에서 그 날 선생님이 했던 모든 말, 모든 움직임을 거의 전부 다 재현했습니다. 그리고 이 학교놀이는 중학교까지 계속되었습니다. 특히, 고1 때 아파서 누워 있으면서도 딸아이는 머릿속으로 선생님 흉내 내기를 계속했다고 합니다.

이렇게 그 아이는 초등학교 때부터 선생님의 말을 엄마한테 또는 자기 자신에게 옮기면서 말 속에 담긴 사물의 원리를 터득해 나갔습니다. 그런 과정을 통하여 아이는 학교 공부의 기초를 탄탄하게 닦아 나갔고, 그런 기초 때문에 좋은 성과를 올릴 수 있었던 것으로 생각됩니다.

공부를 잘하고 싶다면, 두뇌를 개발하고 싶다면, 먼저 입을 열어 말하십시오. 말하면서 여러분의 머리는 분명 열리게 될 것입니다.

당신의 생각은?

1. 말하면서 터득한다는 것은 사실이다. 특히, 친구들과 같이 어려운 수학 문제를 함께 의논하며 풀다 보면 그러한 사실을 실감하게 된다. (O, X)

2. 말을 하다 보면 그 말을 시작하기 직전까지도 미처 생각하지 못했던 것이 생각나서 그것을 말하게 되고, 그것은 오랫동안 머릿속에 남게 된다. (O, X)

3. 말하면서 터득하는 원리를 활용해 보고 싶다. 그래서 나도 _____부터 정기적인 토론모임이 있는 _____에 가입하여, 다른 사람들의 다양한 식견도 듣고 _____에 한 번 이상 의견개진도 시도해 볼 작정이다.

큰 소리로 읽어봅시다

누군가 나에게 토크에 대해 질문하면 재미있게, 짧게, 열정적으로, 그리고 자신의 경험에 바탕을 두라고 권한다. 파워포인트를 사용하지 말고 슬라이드를 사용하라. 단, 절대 슬라이드를 미리 보이지는 말라. 청중에 대해 알아 보라. 그들의 나이, 관심거리, 그리고 기대치를 확인하라. 먼저 강의장소를 답사하고, 교탁이 너무 높지 않나 확인하라(참고로 나는 단신이다).

− 아니타 로드딕

어머님의 무릎 위에 앉아서

　앞서 말했듯이, 노벨상이 창설된 이래 가장 많은 수상자를 낸 민족은 유태인입니다. 그런데 그렇게 된 데에는 앞서 말한 '질문하는 습관' 이외에 또 하나의 중요한 이유가 있습니다. 바로 '어머니의 무릎'이 그 비결입니다.

　유태인 가정의 전통 중 하나가 어머니들이 아이를 무릎에 앉혀 놓고 한없이 많은 이야기를 들려주는 것이라고 합니다. 그 이야기의 대부분은 조상들의 활약상에 대한 것입니다. 가깝게는 아버지나 할아버지 이야기로부터 멀게는 그들의 믿음의 조상인 아브라함에 이르기까지 수많은 조상들의 이야기를 들려준다고 합니다.

　그런 이야기 가운데에는 우리가 영화 '엑소도스(exodus : 출애굽기)'에서 본 흥미진진한 이야기, 한 아이를 놓고 서로 엄마라고 우기는 여인들에 대한 솔로몬 왕의 지혜로운 재판 이야기, 볼품 없는 시골 목동 다윗과 천하무적 골리앗의 숨막히는 대결 이야기, 수레를 탄 채 하늘로 올라간 선지자 이야기 등 온갖 호기심과 상상력을 자극하는

뉴 튼

아인슈타인

프로이트

키신저

스티븐 스필버그

···▸ 세계를 이끌어 간 유태인

이야기들이 너무나 많습니다.

유년기에, 그것도 어머니의 무릎 위에서 이런 흥미진진한 이야기를 들은 어린이들은, 학교에 들어가면 여러 가지 의문이 생깁니다. "어떻게 해서 그런 일이 가능했을까?" "카인과 같은 악인은 어떻게 해서 생겨나는 것일까?" "홍해바다는 어떻게 되어 있기에 막대기로 내려친다고 갈라지는 것일까?" 이렇게 "왜?", "어떻게?"라고 중얼거리면서 아이들은 어머니에게서 들은 이야기들을 곱씹어 봅니다. 뿐만 아니라, 본격적으로 글자를 배우게 되면 그런 이야기들을 직접 자기 눈으로 확인해 보고 싶어 그 이야기가 나오는 책들을 읽고 또 읽게 됩니다.

그리고 그 아이들이 고등학교 이상의 학교를 다니게 되면 보다 높은 차원의 의문을 가지게 됩니다. "보이지 않는 조물주가 어떻게 보이는 만물을 창조할 수 있었을까?" "어떻게 '말씀'으로 산천초목과 물고기와 짐승들을 창조할 수 있단 말인가?" 이런 의문을 갖고 그들은 자연스럽게 자연을 연구하고 자연 속에서 창조의 비밀을 탐구하며 과학에 흥미를 갖게 됩니다. 뿐만 아니라 "조상들이 이집트에서 탈출하여 홍해를 건너 팔레스타인까지 왔다는데 이집트는 언제 생겼고, 그 인종의 특징은 무엇이며, 어떤 문화를 가지고 있을까?'라는 의문을 가지면서, 자연히 지리학과 역사학에 관심을 갖고 문학과 언어학에 흥미를 갖게 됩니다.

그리고 그들은 식탁에서 부모들과 이런 의문을 놓고 항상 대화를 나누게 됩니다. 그래서 그들의 식탁은 계속적으로 학교의 교실과 같은 역할을 하게 되며, 거기서 아이들은 사고의 지평을 넓히고 사물을 보는 관점을 확립하기 시작합니다.

더욱이 유태인들은 금요일 오후부터 토요일 오후까지를 안식일로 정해 놓고, 그 시간에는 아무도 집에서 100미터 이상을 나가지 않는 전통을 가지고 있습니다. 그러다 보니 주말마다 온 가족이 집이라는 한정된 공간에 머물며 자연스럽게 질문하고 토론하는 하나의 '문화'가 형성되었습니다.

이런 어머니의 무릎과 가정교육이 있었기에 물리학의 천재 아인슈타인이 나올 수 있었고, 심리학의 대가 프로이트가 나올 수 있었으며, '쉰들러 리스트', '쥬라기 공원' 등 불멸의 작품들을 잇달아 내놓은 상상력의 황제 스티븐 스필버그가 나올 수 있었던 것입니다.

아이들의 입을 열어 두뇌를 열어주는 유태인 어머니의 무릎, 그 곳이 바로 그 많은 노벨상과 인류를 이끌어 가는 지식을 만드는 천재들의 산실입니다.

당신의 생각은?

1. 우리에게도 추운 겨울 화롯가에서 혹은 무더운 여름밤 앞마당에 멍석을 펴놓고, 이야기꽃을 피우던 좋은 문화가 있었다. 그런데 도시화와 아파트 물결이 그런 것을 모두 사라지게 하여 여간 아쉬운 일이 아니다. (O, X)

2. 동화책에서 읽은 것보다는 유년기에 어머니나 할머니에게서 들은 구연동화가 더 오래도록 기억에 남는다. 그렇게 들은 이야기 중 나에겐 아직도 잊을 수 없는 이야기가 많이 있다. (O, X)

3. 나라를 부강하게 하는 것은 역시 어머니의 입이다. 따라서 어머니들이 아이들에게 들려줄 이야깃거리를 체계적으로 편찬, 보급하는 일이 절대적으로 필요하다. (O, X)

4. 나는 내 아들딸이나 손자 손녀들에게 적어도 다음의 이야기들은 반드시 들려줄 것이다.

   (1) _____

   (2) _____

   (3) _____

   (4) _____

   (5) _____

큰 소리로 읽어봅시다

　　우리의 뇌에는 크게 감동할 때 활성화되는 부분이 있다. 두뇌가 그런 식으로 활성화된 상태에서 들은 이야기는 현저히 더 잘 기억된다. 따라서 감동적인 이야기일수록 그 기억은 더 오래갈 것이다.

— 밥 파이크

인도가 IT산업
강국이 된 *비결*

"세계 경기침체는 인도 정보기술(IT ; Information Technology) 업계에 오히려 기회가 되고 있습니다. 전반적인 경기침체로 IT산업의 부침이 있겠지만, 앞으로 50년 간 인도의 IT산업은 지속적인 발전이 이어질 것입니다."

이는 2001년 한국을 다녀간 프라모드 마하잔 인도 정보기술부 장관이 남긴 말이다. 그에 의하면 "경기가 악화되면서 비용절감을 고려한 외국기업들이 임금이 싼 인도업체에 대거 외주를 주고 있으며, 특히 미국 실리콘밸리의 부도, 감원 열풍으로 마땅한 하청업체를 잃어버린 미국계 기업들이 인도를 선택하고 있어, IT업계 매출은 당분간 꾸준히 증가할 것"이라고 한다.

그는 또 IT는 영화·서적·쇼핑·교육·의료 등 각 분야에 영향력을 확대해 나갈 것이라고 내다보면서, 그 근거로 영화 '글래디에이터'를 예로 들었다. '글래디에이터' 영상의 20%가 컴퓨터 애니메이션으로 이뤄졌는데, 그 애니메이션들은 모두 인도산 소프트웨어로 만들어졌다고 한다. 현재 인도는 자국 소프트웨어의 62%를 미국에 수출하고 있다. 인도는 세계 어느 나라도 따라가기 어려울 정도로 IT산업의 강국으로 자리잡아 가고 있다.

— 한국경제신문(2001년 9월 9일)

이 기사를 접하고 많은 사람들이 놀라움을 금치 못했을 것입니다. 왜냐하면 그동안 우리가 알고 있던 인도는 문맹률이 세계에서 가장 높은 나라 중 하나였기 때문입니다. 뿐만 아니라, 관광지마다 우글거리는 거지떼들이 관광객들에게 돈을 달라고 손을 내미는 모습만을 기억하고 있기 때문입니다. 그런 나라가 어떻게 IT 강국이 되었을까요? 과연 그들의 저력은 무엇일까요?

《아들아, 머뭇거리기에는 인생이 너무 짧다》 1권에서 필자는 '매일의 할 일 목록을 만들라'는 내용을 설명할 때 인도의 우화 중 '사냥꾼과 벵갈만 호랑이' 이야기를 소개한 바 있습니다. 세계에서 이런 전해오는 이야기, 즉 우화가 가장 많은 나라가 인도입니다. 필자는 그것이 바로 인도를 IT강국으로 만든 원동력이라고 생각합니다.

인도는 언어만 700가지가 넘고 종교도 힌두교, 이슬람교, 불교, 라마교, 자이나교, 조로아스터교 등이 서로 얽혀 있어 언어만큼 많고 복잡합니다. 그래서 다양한 종교와 다양한 언어가 결합하여 빚어낸 다채로운 신화들이 수천 년 동안 전해 내려왔습니다. 크게 보아 '베다 신화'와 '힌두교 신화'로 대별되는 인도의 신화는, 그리스 신화와는 비교도 되지 않을 만큼 풍부하고 흥미진진합니다.

인도인들은 그 많은 이야기들을 듣고 또 자기가 아는 이야기는 남에게 전해주면서 우화 속에 빠져 살게 되었습니다. 특히, 국민 대다수가 글자를 모르기 때문에, 그 모든 이야기는 오직 입을 통해서만 전해졌습니다. 그리고 이처럼 입을 열어 우화를 전해주는 과정에서 그들에겐 풍부한 상상력이 생기게 되었고, 그것이 영상, 애니메이션 분야의 강력한 무기가 된 것입니다. 더욱이 인도는 공식언어도 영어이기 때문에 더욱 유리한 고지에 올라 있다고 할 수 있겠지요.

말을 하는 것은 두뇌를 운동시키는 것입니다. 문맹률이 가장 높은 나라가 IT 강국이 된 비결, 바로 입을 열어 두뇌를 연 데 있습니다.

당신의 생각은?

1. 같은 스토리라도 TV나 비디오필름을 보는 것보다 구연동화를 듣는 것이 상상력을 더 많이 자극한다. 왜냐하면, 구연동화는 소리만 들리고 그림은 보이지 않기 때문에, 듣는 이 스스로 그림을 그리면서 상상의 날개를 펼칠 수 있기 때문이다. (O, X)

2. 시험을 잘 보기 위해서는 수학공식이나 문법을 정확히 알아야 하지만, 삶을 지혜롭게 살기 위해서는 스토리를 많이 알아야 한다. (O, X)

3. 나는 스토리 부자가 되기 위해, 다음의 책들을 읽고 스토리를 축적할 것이다.

   (1) _____

   (2) _____

   (3) _____

   (4) _____

   (5) _____

(6) _____

(7) _____

(8) _____

(9) _____

(10) _____

큰 소리로 읽어봅시다

《영혼을 위한 닭고기 수프》가 그토록 많은 호응을 얻은 것은 온 세계가 스토리에 굶주려 있었기 때문이다. 그것이 오늘날 강연산업이 번성하게 된 이유이다. 명강사들은 바로 스토리에 굶주린 청중들에게 이야기라는 양식을 주어야 할 것이다. 그것이 바로 강사들이 할 일이다. 완숙한 스토리 전달은 삶의 가치를 높이는 아주 중요한 요소이다.

– 마크 빅터 한센

진정으로 말을 잘하려면

ISION IN COMMUNICATION

입을 열게 하는 문화, 닫게 하는 문화

진실한 신념에서 나온 한마디

언행이 일치될 때 말은 완성된다

우리는 이제 말이 수천 수백 년을 살아 숨쉬며 세계를 움직이는 힘을 발휘하고 있음을 알게 되었습니다. 뿐만 아니라 지금 내가 남에게 던진 말, 남이 내게 해준 말, 그리고 자기 자신에게 다짐한 말 한마디가 그대로 운명이 된다는 사실도 깨달았습니다. 그리고 말의 힘을 발휘하기 위해 어떻게 수련하고 연습해야 하는지도 배웠고, 그를 통해 두뇌를 개발할 수 있다는 사실도 새롭게 알게 되었습니다.

이제, 마지막으로 진정한 토크의 달인으로 거듭나기 위해 마음 속에 꼭 새겨두어야 할 몇 가지를 언급하며 이 글을 마치려고 합니다.

첫째, 입을 여는 문화가 형성되어야 합니다. 입을 닫게 해서 머리마저 닫히게 하는 문화, 침묵만 지키면 2등은 할 수 있는 문화, 꼴찌가 되는 문화를 지양하고, 입을 열게 해서 머리를 열리게 하는 문화를 꽃피워야 할 것입니다. 그리고 그런 문화가 만들어지기만을 기다리지 말고, 여러분이 먼저 입을 열어 그런 문화를 만들어 가야 합니다. 여러분이 바로 입을 여는 문화의 주인공들입니다.

둘째, 사명과 비전, 신념이 필요합니다. '토크 파워'는 선천적인 것이 아니라 훈련의 산물입니다. 누구나 훈련하면 데모스테네스와 마틴 루터 킹, 그리고 도산 안창호 같은 말의 달인이 될 수 있습니다. 그러나 그들의 말이 세계를 감동시키고 역사를 움직인 것은 말의 연습보다는 포기할 수 없는 비전과 치열한 신념이 있었기 때문이었습니다. 단순한 토크 파워 훈련으로는 감동을 일으키는 데 한계가 있습니다. 말의 연습에 앞서 억누를 수 없는 열정 때문에 말하지 않고는 배길 수 없는, 말을 하면 할수록 더 하고 싶은, 그래서 점점 더 해야 하는 그런 사명과 비전을 정립해야 합니다.

셋째, 언행일치가 이루어져야 합니다. 한자 '信(믿을 신)'은 人(사람 인)과 言(말씀 언)으로 이루어져 '사람을 믿을 것인가 말 것인가는 그 사람의 말을 보고 선택한다'는 뜻으로 해석할 수 있습니다. 그리고 言(말씀 언)과 成(이룰 성)이 어울러진 '誠(정성 성)'은 '자기가 한 말을 얼마나 행동으로 보여주느냐 여부가 그 사람의 성실성'이라는 뜻이 됩니다. 잘 정제되고 맛깔스런 말을 하는 것도 중요하지만, 그 말을 땅에 떨어뜨리지 않고 꼭 실천하는 노력이야말로 진정한 토크 파워입니다.

진정으로 포기할 수 없는 사명감과 비전이 있는 사람이라면, 그래서 그 비전이 성취됨으로써 소명으로서의 삶을 완성하고자 하는 사람이라면, 이 책에서 말한 토크 파워로 무장하십시오. 그래서 21세기를 움직여 나가는 주역이 되십시오.

입을 열게 하는 문화,
닫게 하는 문화

입을 열 수 있는 열린 교실 - 벤자민 칼슨

디트로이트의 슬램가에 사는 5학년 벤(Ben)은 모든 시험에서 0점을 받는 부진아였습니다. 그는 학교에서 돌아오면 아무도 없는 집에서 온종일 TV만 보고, 한번도 학교 숙제를 해간 적이 없는 학생이었습니다.

벤의 어머니는 아버지에게 버림받고 어려운 살림을 꾸려가야 했기 때문에 밤낮으로 일을 다녀야 했고, 철없는 벤을 돌보아 줄 시간도 없었습니다. 그래서 벤은 학교에서 늘 꾸중만 듣는 문제아였습니다.

하루는 선생님이 산수 시간에 퀴즈 시험을 보고 답안지를 앞뒤 학생끼리 서로 바꿔서 채점을 하게 한 뒤, 각자 자신의 점수를 발표하게 했습니다. 벤이 발표할 차례가 되었을 때, 그는 일어서서 코맹맹이 소리로 "오여어우여점"이라고 했습니다. 그러자 선생님이 "뭐? 5점?" 하고 되물었습니다. 마땅히 0점이라고 해야 하는데 이상했기 때문입니다. 그때 뒤에 있던 여학생이 "0점이에요" 하고 소리치는 바람에 교실이 웃음바다가 되었습니다.

이런 문제아 벤을 보다 못한 어머니가 하루는 TV는 하루 두 프로그램씩만 보고, 도서관에 가서 일주일에 두 권씩 책을 읽고 그 내용을 요약해서 보이라고 매우 엄하게 채근했습니다. 그러자 벤은 혼나지 않기 위해 할 수 없이 매일 시키는 대로 했습니다.

그렇게 6학년 후반기에 이르렀을 때였습니다. 어느 날 과학 선생님이 수업시간에 돌덩어리를 하나 집어들고는 이것이 무엇인지 아느냐고 반 학생들에게 물었습니다. 그러나 대답하는 사람이 아무도 없었습니다. 공부를 잘한다고 뽐내던 아이들까지도 묵묵부답이었습니다. 그러나 벤은 그 돌이 무엇인지 알고 있었습니다. 도서관에서 읽은 책에서 분명 본 돌이었기 때문입니다. 그래서 그는 손을 번쩍 들어 "흑요석(黑曜石, obsidian)입니다"라고 외쳤습니다. 말썽만 피던 벤이 수업시간에 손을 든 것만 해도 놀라운 일인데, 정답까지 말하자 선생님은 물론 반 친구들은 모두 깜짝 놀랐습니다.

그것이 운명의 갈림길이었습니다. 그 날부터 벤은 아무도 대답하지 못하는 문제에 대한 답을 찾아가는 재미에 흠뻑 빠졌습니다. TV도 보지 않고, 아이들과 어울려 놀지도 않고, 오직 도서관에서만 시간을 보냈습니다. 그러다 보니 반에서 무슨 새롭고 어려운 과제만 생기면 벤이 해결사 역할을 했습니다. 반 친구들은 어려운 문제를 풀다가 안 되면 무조건 벤에게 가져오는 식이 되었습니다. 그 후 그는 7학년 때부

⋯ 벤자민 칼슨

터 1등을 놓치지 않게 되었고, 장학생으로 예일대학까지 입학하게 되었습니다.

그가 바로 벤자민 칼슨(Benjamin S. Carson) 박사입니다. 1987년, 뒤통수가 붙어서 태어난 바인더 시어미즈(Binder Siamese)라는 쌍둥이 분리수술에 성공하여 세계적인 주목을 받은 그 사람 말입니다. 칼슨 박사는 뇌수술 분야의 세계 최고의 권위자일 뿐만 아니라, 《축복받은 손 *Gifted Hand*》과 《씽크 빅 *Think Big*》이라는 세계적인 베스트셀러의 저자이기도 합니다. 이제 그의 이름 바로 뒤에는 '문제아' 대신 '선생님' 이라는 호칭이 꼭 따라다니고 있습니다.[47]

서양의 교실에서는 모르는 것을 배우기도 하지만, 무엇보다도 자기가 아는 것을 충분히 말할 수 있는 기회가 활짝 열려 있습니다. 교사가 설명하는 도중이라도 누구나 손을 들어 질문하고, 다른 의견을 말하는 것이 자연스러운 문화처럼 형성되었지요. 그리고 그런 문화 속에서 그들은 살아 있는 지식을 배워갑니다.

그러나 한국의 교실은 어떻습니까? 알아도 모르는 척, 몰라도 아는 척, 그냥 잠자코 있으면 훌륭한 학생이고 모범생입니다. 괜히 수업시간에 손을 들어 질문했다간 진도에 쫓긴 선생님과 학생들의 눈총을 받기 일쑤입니다. 회사 내에서 이루어지는 회의에서도 마찬가지입니다. 목소리를 높여 의견을 말했다가는 묵살 당하기 십상이고, 가만히 있으면 2등은 갑니다. 그러나 이건 옳지 않습니다. 정답을 말한 사람은 1등, 틀린 답을 말한 사람은 2등, 아무 말도 하지 않은 사람은 꼴찌가 되는 게 옳지 않을까요?

진정으로 말을 잘하기 위해선 먼저 문화가 바뀌어야 합니다. 입을 닫게 해서 머리마저 닫히게 하는 문화, 침묵만 지키면 2등은 할 수 있는 문화를 지양하고, 입을 열어 머리도 열리게 하는 문화를 이끌어야 할 것입니다. 그리고 그런 문화가 만들어지기만을 기다리지 말고, 먼저 입을 열어 그런 문화를 만들어 갑시다. 여러분이 바로 입을 여는 문화의 주인공들입니다.

당신의 생각은?

1. 어린애가 버릇없이 아무 데서나 말에 끼어 드는 것을 금하는 우리문화가 오히려 더 좋은 문화이다. (O, X)

2. 때로는 침묵을 지키는 일도 필요하지만 강요된 침묵이나 2등이라도 하기 위한 침묵, 침묵을 위한 침묵은 좋지 않다. (O, X)

3. 아는 것을 말해볼 기회가 없었다면 벤은 아마 어머니를 끝까지 이해하지 못했을 것이다. 가르친다는 것은 밖에 있는 지식을 학생들의 머릿속에 집어넣는 것이 아니라, 학생들 내부에 있는 것을 밖으로 끄집어내는 것이다. (O, X)

4. 벤은 어머니에게 숙제를 받았지만 나는 나 자신에게 _____를 일주일에 적어도 _____ 이상씩 하도록 스스로 과제를 부여할 생각이다.

큰 소리로 읽어봅시다

'Think Big' 의 T는 Talent(능력), H는 Honesty(정직), I는 Insight(통찰력), N은 Nice(선), K는 Knowledge(지식), B는 Books(독서), I는 In-Depth Learning(깊이 파고들기), 그리고 G는 God(믿음)을 나타내는 애크로님이다. 누구나 THINK BIG만 갖고 있다면, 지금은 비록 디트로이트의 빈민가에 살고 있을지라도 먼 훗날 반드시 세계의 심장부에 도달할 수 있다.

– 《씽크 빅》 중에서

진실한 신념에서 나온
한마디

무언의 웅변 - 안창호

　　2001년 8월 11일 미국 LA 동부 리버사이드 시청 앞 광장에서는 애국가가 울려 퍼지는 가운데 도산의 동상 제막식이 열렸습니다. 미국 본토에 세워진 최초의 한국인 동상인 이 동상의 맞은편에는 20세기 미국의 아버지 마틴 루터 킹 목사의 동상이 세워져 있습니다.

　　도산 안창호 선생은 20세기 이후 한국 최고의 토크 파워를 보여준 사람입니다. 선생은 대중연설은 말할 것도 없고, 일대일 담판에서도 과연 말의 참된 힘이 무엇인지를 보여준 사람입니다. 그를 핍박하던 일본인 관헌들조차 "안창호는 세 치 혀로 백만 대군의 힘을 낸다"고 하며 두려워할 정도였습니다.

　　일제 하, 도산이 개성에서 연설할 때 일본 헌병대에서는 우리말을 잘하는 일본인 형사 한 사람을 파견했다고 합니다. 연설 내용을 잘 메모했다가 조금이라도 불순한 내용이 나오면 트집을 잡아 체포하기 위해서였습니다. 그러나 연설 내용을 열심히 받아 적던 일본 형사는 어느 순간부터 눈에 눈물이 맺혀 더 이상 그 내용을 받아 적지 못했다고

합니다. 너무나 감동적인 도산의 연설과 청중들의 흐느껴 우는 소리가 그의 가슴을 적셨던 것입니다.

또 전해오는 이야기에 따르면, 일제의 탄압으로 인하여 사람들에게 더 이상 연설을 할 수 없게 되었을 때 도산은, 사람들을 피해 산 속에 숨어 있었다고 합니다. 그러나 일본 관헌들은 그를 밀착감시하고 있었습니다. 그런 와중에도 도산에게 가르침을 받고자 찾아오는 사람들은 너무나 많았습니다. 그러나 입을 열어 말을 하면 감시자가 듣기 때문에 할 수도 없고, 그렇다고 사람들을 그냥 보내자니 너무나 안타깝고, 그야말로 진퇴양난에 빠졌습니다. 이때 도산은 그래도 그들에게 뭔가 메시지를 주고 싶은 간절한 마음에 입을 여는 대신 산 속에 놓여 있는 커다란 바윗돌들을 일으켜 세우는 모습을 보여주었습니다. 이는 바로 "일어나라! 민족을 위해!"라고 외치는 도산의 '무언의 웅변'이었던 것입니다.[48]

당시 도산의 강연과 메시지를 듣고 새로운 비전을 세우고, 운명을 바꾼 이들은 수없이 많습니다. 그리고 도산이 죽은 지 60여 년이 훨씬 지난 지금도 그의 말과 메시지는 우리 젊은이들의 가슴을 울리고 있습니다. 인터넷 사이트를 검색해 보면 알겠지만, 크고 작은 도산 연구 모임이 수도 없이 많다는 사실이 이를 증명하고 있습니다.

그렇다면, 도산의 어떤 말과 메시지가 사람들의 마음을 움직이고, 감동시켰던 것일까요?

도산은 "나는 밥을 먹어도 대한의 독립을 위해, 잠을 자도 대한의 독립을 위해 해왔다. 이것은 내 목숨이 없어질 때까지 변함이 없을 것이다"라고 말하곤 했습니다. 이 한마디는 나라와 겨레를 위해 일생을 바치겠다는 그의 굳은 결의와 신념을 단적으로 보여주는 것입니다. 그리고 그는 힘이 없어 빼앗긴 나라를 되찾기 위해서 오로지 교육을 통해 힘을 길러야 한다는 그 한 가지 목적에 삶의 초점을 맞추었습니다. 언제, 어딜 가나, 누구를 만나거나 도산의 말은 어김없이 그 한 가지 목적을 지향하고 있었습니다.

그렇습니다. 도산의 말과 메시지가 그렇게 큰 힘을 발휘하는 것은, 그의 모든 말이 이처럼 굳은 신념에서 나왔기 때문입니다. 토크 파워는 말의 연습보다는 신념의 치열함에서 분출됩니다. 단순한 말의 연습으로는 감동을 일으키는 데 한계가 있습니다. 말의 연습에 앞서 신념과 비전, 그리고 억누를 수 없는 열정 때문에 말하지 않고는 배길 수 없는 콘텐츠를 가져야 합니다.

당신의 생각은?

1. 돌을 일으켜 세워 보임으로써 "일어나라!"고 하는 메시지를 보낸 것을 보면, 말의 힘이란 반드시 입에서만 나오는 것이 아님을 확인할 수 있다. (O, X)

2. 공식적인 프레젠테이션을 잘한다고 해서 반드시 일상대화에도 능통하다고 볼 수는 없다. 그리고 또 일상대화에 능하다고 해서 공식회합에서의 발언도 잘한다고 볼 수는 없다. (O, X)

진정으로 말을 잘 하려면

3. 잠을 자도, 밥을 먹어도, 또 언제 어디서 누굴 만나서 말을 해도 나의
초점은 항상 _____에 맞춰진다.

큰 소리로 읽어봅시다

나라 일을 하는 데에는 여러 가지가 있습니다. 저 평양 시가에서 장사
하는 사람은 지금 장사로 나라 일을 하고, 저 능라도에서 김을 매는 사람
은 호미를 가지고 나라 일을 하고 있습니다. … 여러분, 어떤 사람은 대포
와 총검으로 나라 일을 하고, 어떤 사람은 붓으로써 입으로써 나라 일을
하는데, 여기 오신 여러분은 무엇을 가지고 나라 일을 하시렵니까? 시방
여러분들은 귀를 가지고 나라 일을 할 때입니다.

— 안창호, 1909년 단오절, 평양

언행이 일치될 때
말은 완성된다

그 말로 하나도 땅에 떨어지지 않게 - 사무엘

'말을 바르게 사용할 줄 아는 자는 완전한 자라(약 3:2)', 그러기 위해서는 말을 절제할 줄 알아야 합니다. '사람마다 듣기는 속히 하고, 말하기는 더디 하라(약 1:19)' 했으며, '너희는 하나님 앞에서 함부로 입을 열지 말라. 급한 마음으로 말을 내지 말라. 그런즉 마땅히 말을 적게 하라(잠 5:1)'고 했습니다. 이는 '말이 많으면 허물을 면키 어려우니라(잠 10:19)'라는 성경말씀처럼 잘못 내뱉은 말 때문에 곤란을 당할 수도 있기 때문입니다. 수일 전에 어느 장관이 안 해도 될 말을 해서 장관직도 떨어지고 뒷수습에 곤혹을 치르고 있습니다.

그만큼 말은 중요한 것입니다. 그래서 '말은 불과 같고 배의 키와 같다(약 3:4-6)'고 하지 않았습니까? '오늘 생각해서 내일 말하라(H.G. Bohn)', '말은 인간이 지닌 보물이다(Hesiod)', '말은 제2의 얼굴이다', '인간의 말은 그의 인생과 같다(Socrates)'는 말들은 말이 인간에게 어떤 영향을 주는지 보여주는 귀중한 명언들입니다. '말 한마디로 세계를 지배한다(Edward Coke)'고 했듯이 선진국일

수록 언어가 개발되었습니다. 그러므로 '말은 그 자체가 문명(Thomas Mann)' 일지도 모릅니다.

그런데 말을 많이 하는 것과 잘하는 것은 분명 다릅니다. '말은 짧을수록 좋고, 진실한 말일수록 간단하다(Winston Churchil)' 라는 말이 있듯이 진실이 담긴 말은 아름다운 수식어 없이도 빛나기 마련입니다. 물론 말을 절제하기란 쉽지 않습니다. '임금님 귀는 당나귀 귀' 라는 우화에서 보았듯이 3일 굶기보다도 말을 절제하는 것이 더 어렵습니다. 그래서 루시안(Lucian)은 '재산을 보호하기보다 말을 보호하기가 더 어렵다' 고 하였습니다. 어쩌면 진정 '진절머리나는 사람이 되는 비결은 모든 것을 말하는 것(Voltaire)' 일지도 모릅니다.

본인은 말을 많이 하였을 때, 시간을 많이 허비했을 때, 그리고 지나치게 과식했을 때 후회합니다. 말에는 세 개의 황금률이 있습니다. 그것은 바로 그 말이 사실인가, 필요한가, 친절한가입니다.[49]

이상은 서울 동신교회 강동수 목사가 1995년 8월 6일에 행한 설교 내용입니다. 여기서 그는 말이 얼마나 어렵고 중요한 것인가를 명확하게 제시했으며, 말에 대한 성서적 관점을 잘 요약하였습니다. 이 설교를 통해 필자는 말의 중요성과 가치에 대해 다시 한번 생각하게 되었습니다. 그 중에서도 말에 있어서 중요한 것은 말의 기교나 기술이 아니라 바로 '언행의 일치' 라는 점을 다시금 깨달았습니다. 말을 잘하기 위한 모든 기술을 익히고 아무리 열심히 능력을 개발해도, 말과 행동이 일치하지 않으면 그 말은 힘을 발휘하지 못합니다.

구약성서에 사무엘(Sammuel)이라는 인물이 등장합니다. 그의 인품에 대하여 성서는 "그 말로 하나도 땅에 떨어지지 않게 하였다"고 기록하고 있습니다. 이는 그가 언행이 완전히 일치하였다는 뜻입니다. 사무엘은 사람들이 진심으로 따르는 지도자였고, 두 명의 왕들을 폐위시키고, 또 두 명의 왕들을 즉위시키는 힘을 보여주었습니다. 실로 엄청난 파워를 행사하였는데, 그 힘의 원천이 바로 '말을 땅에 떨어지지 않게' 한 데 있었습니다.

> "나에게는 꿈이 있습니다. 그것은 나의 네 명의 자녀들이 피부의 색깔로 판단 받지 아니하고, 그 인격적 품위에 의해 판단되는 날이 오리라는 꿈입니다. … 그런 믿음으로 우리는 함께 일할 수 있습니다. 함께 기도할 수 있습니다. 함께 투쟁할 수 있습니다. 함께 감옥에 갈 수 있습니다. 그리고 자유를 위해 함께 일어설 수 있습니다. 언젠가 우리는 자유의 몸이 될 것임을 알기 때문에… 나에게는 꿈이 있습니다."

이는 마틴 루터 킹 목사가 남긴 말입니다. 이 말은 20세기 흑인들뿐만 아니라, 백인들을 포함한 모든 미국인, 그리고 세계인의 영혼에 세차게 파고들어 결국 인종차별을 종식시키는 힘의 토대가 되었습니다. 그 이유는 그가 실제로 사람들과 함께 행진했고, 함께 감옥에 갔고, 저격범의 흉탄에 목숨까지 바쳤기 때문입니다.[50] 즉, 그가 말만 번드르르한 사람이 아니었고, 언행이 일치된 신념가였고 리더였기에 그의 말에는 힘이 실렸던 것입니다.

말에 힘을 더하기 위해서는 자기가 진실로 뜻하는 말만을 해야 합니다. 뜻하지 않은 말을 눈앞의 이익을 위해 쏟아내서는 안 됩니다.

약속이 공약(空約)이 된다면 리더십은 붕괴됩니다. 한국에서 정치인들이 존경받지 못하는 이유도 어쩌면 말을 너무 많이 땅에 떨어뜨리기 때문인지도 모릅니다. 한번 약속한 일은 비록 손해가 나더라도 반드시 지켜야 그 사람의 말에 힘이 실립니다.

한자 '信(믿을 신)'은 '人(사람 인)'과 '言(말씀 언)'으로 이루어져 '사람을 믿을 것인가 말 것인가는 그 사람의 말을 보고 선택한다'는 뜻으로 해석할 수 있습니다. 그리고 言(말씀 언)과 成(이룰 성)이 어울러진 '誠(정성 성)'은 '자기가 한 말을 얼마나 행동으로 보여주느냐 여부가 그 사람의 성실성'이라는 뜻이 됩니다. 잘 정제되고 맛깔스런 말을 하는 것도 중요하지만, 그 말을 하나도 땅에 떨어뜨리지 않으려는 노력이야말로 진정한 토크 파워입니다. 그리고 이것이 꿈을 현실로 옮겨올 수 있게 하는 축복입니다.

당신의 생각은?

1. 말을 잘하기보다 자기 말을 땅에 떨어지지 않게 하는 것이 모르긴 해도 40배는 더 어려울 것이다. (O, X)

2. '오늘 생각해서 내일 말한다'는 것은 20세기까지는 진리였을지 몰라도, 오늘날 같은 첨단 멀티미디어 정보화시대, 특히 '생각의 속도'가 강조되는 시대엔 맞지 않는다. (O, X)

3. 나는 수많은 말을 땅에 떨어뜨렸다. 내 말이 땅에 떨어져 뒹구는 모습을 보니 내 자신이 추운 겨울 알몸으로 땅 바닥을 뒹굴고 있는 것 같은 느낌을 받는다. (O, X)

4. 위에 나온 말에 관한 명언들 중에서 나에게 가장 절실하게 와 닿는 순서를 먹여보면 다음과 같다.

( ) 진절머리나는 사람이 되는 비결은 모든 것을 말하는 것이다.

( ) 사람마다 듣기는 속히 하고 말하기는 더디하라.

( ) 재산을 보호하기보다 말을 보호하는 것이 더 어렵다.

( ) 말이 하나도 땅에 떨어지지 않게 하라.

( ) 말 한마디로 세계를 지배한다.

큰 소리로 읽어봅시다

남을 비판하는 말 버리기
남에게 보내는 몇 알의 말
나에게 가마니로 돌아오고
남 헤아림이 나 헤아림으로
저울질되고
끝내는
나의 입에서 나온 티끌들이
대들보 되어 나를 후려치는 법
비판의 말 말고
함부로 내뱉는 말도 버리기 ……

– 양왕용의 '버리기 7' 중에서

■ 참고자료

1) Ronald B. Adler, 김인자 옮김,《인간관계와 자기표현》, 서울 : 한국 심리상담연구소, 1990, p.1

2) http://www.coppers.com/jfk

3) http://www.coppers.com/jfk

4) Dale Carnegie,《How to Develop Self—Confidence & Influence People by Public Speaking》, NewYork : Pocket Books, 1956, p.200)

5) Ibid., pp.199~200

6) Lilly Walters,《Secrets of Superstar Speakers》, NewYork : McGraw-Hill, 2000, p.92

7) Ibid., p.94

8) Ibid., pp.94~95

9) Deborah Tannen,《That's Not What I Meant!》, NewYork : Ballentine Pub. Group, 1986, pp.5~7

10) 김양호,《대화의 심리작전》, 서울 : 언어문화사, 1975, pp.180~181

11) 이상윤,《지도자의 효율적인 커뮤니케이션》, 서울 : 기독교리더십 연구원, 1998, pp.9~10

12) Natalie H. Rogers,《The New Talk Power》, Virginia : Capital Books, 2000, p.49

13) 스킵 로스 · 캐롤 칼슨, 강인호 옮김,《당신의 능력을 최대한으로

개발시켜주는 10가지 생활 원리》, 서울 : 나침반사, 1990, pp.114
~115

14) 로리 베스 존스, 송경근·조용만 옮김,《억만 금의 재산보다 한 줄
의 예언을 물려줘라》, 서울 : 한언, 2001, pp.16~17

15) 이상윤, 앞의 책, p.12

16) Lilly Walters, op., cit., p.210

17) Dale Carnegie, op., cit., pp.213~214

18) Marilyn vos Savant & Leonore Hleischer, 《Brain Building》,
NewYork : Bantam Books, Paperback, 1991, p.48

19) 래리 킹, 강서일 옮김,《래리 킹 대화의 법칙》, 서울 : 청년정신,
2001, pp.81~82

20) 윌리엄 라이딩스 2세·스튜어트 매기버, 김형곤 옮김,《위대한 대
통령 끔찍한 대통령》, 서울 : 한언, 2000, pp.317~323

21) Lilly Walters, op., cit., pp.15~19

22) Ibid, p.188

23) Ibid, pp.3~8

24) Ibid, pp.3~8

25) 이원설,《50년 후의 약속》, 서울 : 한언, 2001, pp.78~79

26) Napoleon Hill, 《Think and Grow Rich》, NewYork : Ballantine
Books, Paperback, 1996, pp.155~156

27) Dale Carnegie, op., cit., p.212

28) 데일 카네기, 김동사 옮김,《효과적인 화술과 인간관계》, 서울 : 내
외신서, 1988, pp.175~176

29) Dale Carnegie, op., cit., p.46

30) Ibid., p.48

31) John Haggai, 《Lead on》, Texas : World Publishing, 1986, pp.85~
    104

32) Natalie H. Rogers, op., cit., pp.101~102

33) Dale Carnegie, op., cit., pp.209~210

34) Marilyn vos Savant & Leonore Fleischer, op., cit., pp.41~53

35) 임성준, 〈3M의 이야기 형태 사업계획서〉, 西江 Harvard Business,
    1998, 9-10월호, pp. 138~148

36) 아네트 시몬스, 김수현 옮김, 《대화와 협상의 마이더스, 스토리텔
    링》, 서울 : 한언, 2001, pp.312~315

37) Dale Carnegie, op., cit., 1956, pp.60~62

38) Natalie H. Rogers, op., cit., pp.353~354

39) Ibid., pp.265~266

40) 아네트 시몬스, 김수현 옮김, 앞의 책, p.132

41) 호리이 케이, 심교준 옮김, 《인생을 위한 NLP》, 서울 : 한언, 2001,
    pp.79~92

42) Gorden Dryden & Jeannette Vos, 김재영 · 오세웅 옮김, 《학습혁
    명》, 서울 : 해냄, 1999, pp.98~99

43) Dale Carnegie, op., cit., pp.210~211

44) Bob Pike, 《Creative Training Techniqes for Educators》, 서울 : 한
    국리더십센터, 미간행 워크숍 자료, 숙명여자대학교 강당, 2001.
    11. 3, p.19

45) Bob Pike, 위의 워크숍 자료, p.19

46) Lilly Walters, op., cit., p181

47) Http://www.usdreams.com/Carson.html &
    Http://www.udel.edu/pr/update

48) 임중빈,《도산 안창호》, 서울 : 명지사, 2000, p.64

49) 이원설 · 문영식,《21세기를 향한 비전과 리더십》, 서울 : 신망애출
    판사, 1995, pp.187~188

50) http://seattletimes.nwsource.com/mlk/holiday

이 원 설

1930년 황해도에서 출생한 이원설 박사는 오하이오 노던대에서 정치학사, 케이스 웨스턴 리저브대학원에서 역사학박사, 오하이오 노던대에서 명예문학박사, 린치버 그대와 에이드리언대에서 각각 명예법학박사 학위를 받았다.

이후, 그는 경희대 사학과 조교수 및 부교수, 문교부고등교육국장 및 초대 주미장학 관, 에이드리언대 역사학교수, 벨기에 루벤대 초빙교수, 경희대 대학원장 및 부총장, 세계대학총장회 사무총장, 그리고 한남대학교 총장을 지냈다. 현재는 한국기독교학 교연맹 이사장, 세계대학총장회 동북아위원회 위원장, 기독교리더십연구원 이사장, 숭실대학교 재단 이사장으로 활동하고 있다.

저서로는 《혁명시대의 미래관》, 《50년 후의 약속》 등의 한글 저서 12권, 《Beyond Ideology, Korean Exodus》 등 영문 저서 12권이 있으며, 1976년부터 1999년까지 코리아 헤럴드지에 칼럼을 썼다.

강 헌 구

현 장안대학 교수. 경희대학교 경영학과에서 학부와 석사과정을 마치고 한남대학 교에서 경영학 박사 학위를 취득하였다.

1983년 이후 장안대학 교수로 재직하면서 1995년에 '수원 비전스쿨'을 설립하여 청소년들을 위한 비전형성 교육에 힘쓰고 있다.

1998년부터 경기방송(FM99.9)과 대전극동방송 라디오에서 '21세기 꿈터', '생방송 시사 21'을 진행하면서 비전의 힘과 역동성, 그리고 현실 삶 속에서 비전을 실현하 는 리더십원리를 전파하였으며, 현재 경기방송 라디오 프로 '뉴스가 있는 아침'을 진행하고 있다. 저서로는 《아들아, 머뭇거리기에는 인생이 너무 짧다》, 《비전학 서 설》 등이 있다.

한언의 사명선언문

Since 3rd day of January, 1998

Our Mission ─·우리는 새로운 지식을 창출, 전파하여 전 인류가 이를 공유케 함으로써 인류문화의 발전과 행복에 이바지한다.

─·우리는 끊임없이 학습하는 조직으로서 자신과 조직의 발전을 위해 쉼없이 노력하며, 궁극적으로는 세계적 컨텐츠 그룹을 지향한다.

─·우리는 정신적, 물질적으로 최고 수준의 복지를 실현하기 위해 노력하며, 명실공히 초일류 사원들의 집합체로서 부끄럼없이 행동한다.

Our Vision 한언은 컨텐츠 기업의 선도적 성공모델이 된다.

저희 한언인들은 위와 같은 사명을 항상 가슴 속에 간직하고
좋은 책을 만들기 위해 최선을 다하고 있습니다.
독자 여러분의 아낌없는 충고와 격려를 부탁드립니다.
· 한언 가족 ·

HanEon's Mission statement

Our Mission ─·We create and broadcast new knowledge for the advancement and happiness of the whole human race.

─·We do our best to improve ourselves and the organization, with the ultimate goal of striving to be the best content group in the world.

─·We try to realize the highest quality of welfare system in both mental and physical ways and we behave in a manner that reflects our mission as proud members of HanEon Community.

Our Vision HanEon will be the leading Success Model of the content group.

아들아, 머뭇거리기에는
인생이 너무 짧다 2

2001년 12월 15일 1판 1쇄 박음 • 2018년 5월 21일 1판 76쇄 펴냄　　펴　　냄

이원설·강헌구　　지 은 이

김철종　　펴 낸 이

(주)한언　　펴 낸 곳

등록번호 제1-128호 / 등록일자 1983. 9. 30

서울시 마포구 신수동 63-14 구 프라자 6층(우 121-854)　　주　　소

TEL. 02-701-6616(대) / FAX. 02-701-4449

한언 편집기획팀　　책임편집

한언 디자인팀　　디 자 인

www.haneon.com　　홈페이지

haneon@haneon.com　　e-mail

저자와의 협의하에 인지 생략

ISBN 89-88798-99-6 03320

ISBN 978-89-88798-99-7 03320